これからの温泉の新基準！

日本百ひな泉

百ひな泉
ひなびた温泉研究所
日本百ひな泉認定

岩本薫 & ひなびた温泉研究員

みらいパブリッシング

お～い！お～い！
ここにいい湯が
湧いているよぉ～！

微笑め！ニッポンのひなびた温泉たち。

決定しました日本百ひな泉！　ニッポンのひなびた温泉を応援したい。そんな想いからはじめたプロジェクトが、今、こうしてようやくカタチになりました。

時代に取り残されたような、ひなびた温泉。その多くがトレンドなんかとはまったく無縁で、素朴で、観光地ズレしていなくて、地元の人たちに愛されながら、いい味出してそこにある。気取っていない。いきつけの大衆食堂のようなホッとできる居心地のよさがある。こういう温泉は、たいがい湯もいい。だからこそ愛され続けてきたのだろう。

でも、そんな商売的にガツガツしていない温泉ゆえに、ときには経営が成り立たなくなったりして廃業してしまうこともある。事実、毎年のように、いいひなびた温泉が少なからず廃業しているのだから。

それなら、たとえば日本百名山みたいに百湯のひなびた温泉を選定してみるのはどうだろう。それを本にして、全国の本屋さんに置いて、ひなびた温泉の魅力

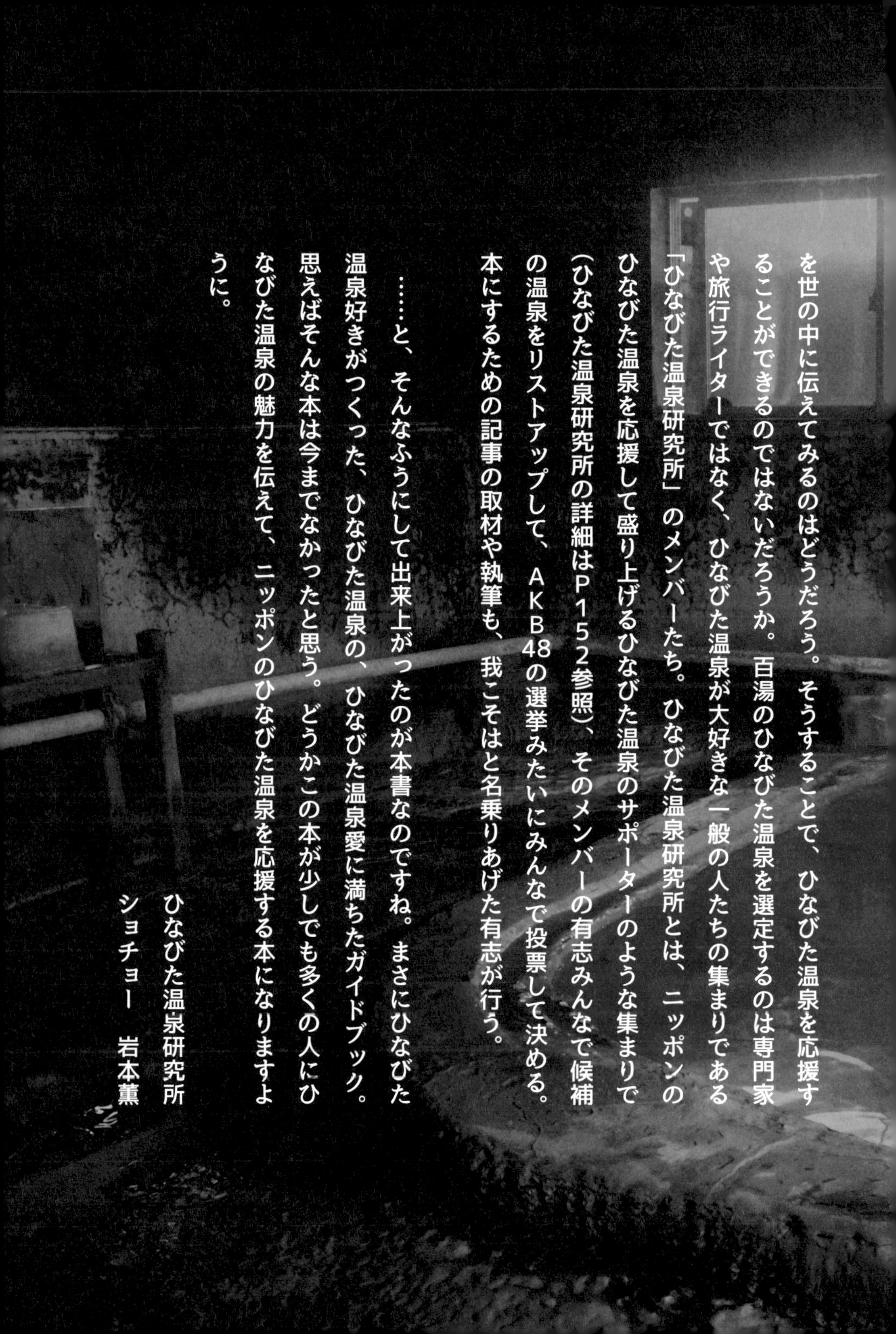

を世の中に伝えてみるのはどうだろう。そうすることで、ひなびた温泉を応援することができるのではないだろうか。百湯のひなびた温泉を選定するのは専門家や旅行ライターではなく、ひなびた温泉が大好きな一般の人たちの集まりである「ひなびた温泉研究所」のメンバーたち。ひなびた温泉研究所とは、ニッポンのひなびた温泉を応援して盛り上げるひなびた温泉のサポーターのような集まりで（ひなびた温泉研究所の詳細はＰ１５２参照）、そのメンバーの有志みんなで候補の温泉をリストアップして、ＡＫＢ48の選挙みたいにみんなで投票して決める。本にするための記事の取材や執筆も、我こそはと名乗りあげた有志が行う。

……と、そんなふうにして出来上がったのが本書なのですね。まさにひなびた温泉好きがつくった、ひなびた温泉の、ひなびた温泉愛に満ちたガイドブック。思えばそんな本は今までなかったと思う。どうかこの本が少しでも多くの人にひなびた温泉の魅力を伝えて、ニッポンのひなびた温泉を応援する本になりますように。

ひなびた温泉研究所
ショチョー　岩本薫

目次

ぜんぶ制覇したい！

日本百ひな泉

北海道地方

北海道　濁川温泉　新栄館
北海道　幌加温泉　湯元鹿の谷
北海道　川湯温泉　川湯公衆浴場
北海道　斜里の越川温泉

東北地方

青森県　古遠部温泉
青森県　谷地温泉
青森県　恐山温泉　花染の湯
青森県　蔦温泉　蔦温泉旅館
青森県　新屋温泉
青森県　新岡温泉
青森県　森田温泉
青森県　姉戸川温泉
岩手県　鉛温泉　藤三旅館
岩手県　大沢温泉　自炊部　湯治屋
岩手県　藤七温泉　彩雲荘
岩手県　国見温泉　石塚旅館
岩手県　巣郷温泉　でめ金食堂
岩手県　夏油温泉　元湯夏油
岩手県　松川温泉　松楓荘
秋田県　八九郎温泉
秋田県　乳頭温泉郷　孫六温泉
山形県　瀬見温泉　喜至楼
宮城県　東鳴子温泉　高友旅館
宮城県　東鳴子温泉　いさぜん旅館
宮城県　鳴子温泉　旅館姥乃湯
宮城県　鳴子温泉　東多賀の湯
福島県　西山温泉　老沢温泉旅館
福島県　横向温泉　滝川屋旅館
福島県　微温湯温泉　旅館二階堂
福島県　芦ノ牧ドライブ温泉
福島県　西山温泉　下の湯
福島県　横向温泉　中の湯旅館
福島県　磐梯熱海温泉　湯元元湯
福島県　土湯温泉　不動湯温泉
福島県　会津東山温泉　東山ハイマートホテル
福島県　桧原温泉　桧原塾
福島県　二子浦温泉

関東地方

群馬県　霧積温泉　金湯館
群馬県　法師温泉　長寿館
群馬県　万座温泉　湯の花旅館
群馬県　湯宿温泉　湯本館
群馬県　四万温泉　積善館本館
栃木県　那須湯本温泉　雲海閣
栃木県　北温泉　北温泉旅館
栃木県　奥鬼怒温泉　日光澤温泉
栃木県　塩原元湯温泉　ゑびすや
栃木県　奥塩原新湯温泉　湯荘白樺

中部地方

新潟県　関温泉　中村屋旅館
新潟県　新津温泉

福井県　鳩ヶ湯温泉
富山県　湯谷温泉　庄川湯谷温泉
富山県　神代温泉
富山県　黒薙温泉　黒薙温泉旅館
山梨県　下部温泉　古湯坊源泉館
山梨県　西山温泉　元湯　蓬莱館
長野県　小谷温泉　大湯元山田旅館
長野県　角間温泉　越後屋旅館
長野県　加賀井温泉　一陽館
長野県　奥蓼科温泉　渋御殿湯
長野県　上諏訪温泉　大和温泉
長野県　下諏訪温泉　菅野温泉
静岡県　熱海温泉　竜宮閣
静岡県　平山温泉　龍泉荘
静岡県　熱海温泉　福島屋旅館
愛知県　永和温泉　みそぎの湯
三重県　有久寺温泉

近畿地方

大阪府　山空海温泉
奈良県　上湯温泉　河原の露天風呂
和歌山県　湯の峰温泉　つぼ湯
和歌山県　夏山温泉　もみじや旅館
和歌山県　湯の峰温泉　旅館あづまや
和歌山県　南紀勝浦温泉　天然温泉公衆浴場はまゆ

中国地方

鳥取県　東郷温泉　寿湯
岡山県　奥津温泉　東和楼
岡山県　郷緑温泉　郷緑館
岡山県　鏡野温泉
岡山県　奥津温泉　奥津荘
岡山県　奥津温泉　般若寺温泉
岡山県　小森温泉
島根県　千原温泉　千原湯谷湯治場
島根県　小屋原温泉　熊谷旅館
島根県　温泉津温泉元湯　泉薬湯
島根県　湯抱温泉　中村旅館
島根県　三瓶温泉　亀の湯
山口県　柚木慈生温泉

九州地方

長崎県　小浜温泉　脇浜温泉浴場おたっしゃん湯
熊本県　満願寺温泉　川湯
熊本県　人吉温泉　鶴亀温泉
大分県　七里田温泉　下湯共同浴場
大分県　湯山温泉　奥みょうばん山荘
大分県　由布院温泉　加勢の湯
大分県　鉄輪温泉　谷の湯
大分県　赤松温泉
鹿児島県　霧島湯之谷温泉　霧島湯之谷山荘
鹿児島県　湯川内温泉　かじか荘
鹿児島県　妙見温泉　秀水湯
鹿児島県　妙見温泉　田島本館
鹿児島県　川内高城温泉　町営共同浴場
鹿児島県　市比野温泉　丸山温泉
鹿児島県　指宿温泉　村乃湯温泉

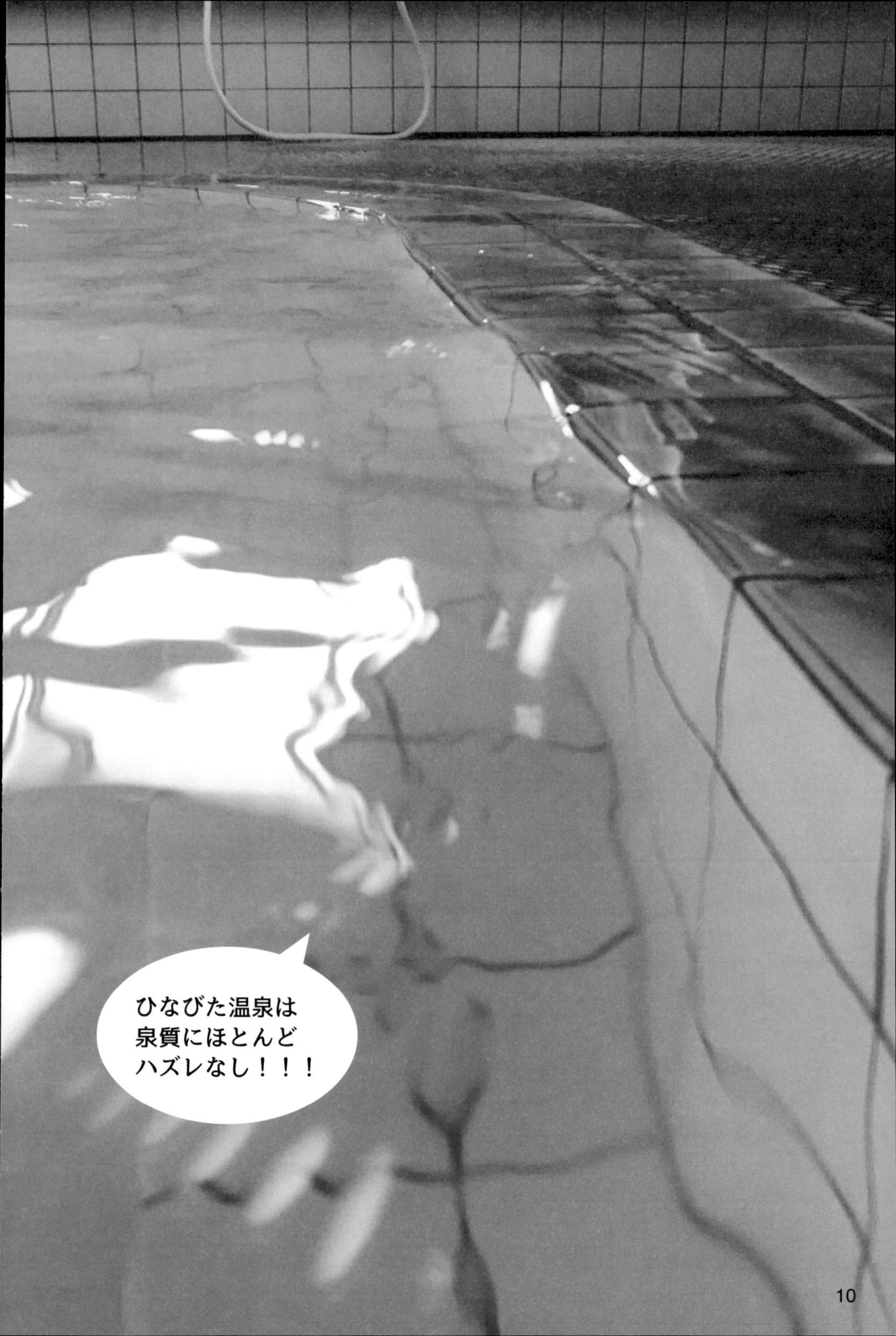
ひなびた温泉は
泉質にほとんど
ハズレなし！！！

地元の人だけが
知っている、
めんこい名湯だよ！

ときには、ありえないぐらいの掛け流しも！

ひな
百泉
ひなびた温泉研究所
日本百ひな泉認定

1位

島根県 千原温泉 千原湯谷湯治場

足元から湧き出る湯に
静かに身を沈めること小一時間、
とても贅沢なマインドフルネス温泉。

写真の川の脇あたりから源泉が湧いていて、湯船はその上につくられた。

　松江から車で1時間半ほどの山中にある、ひなびた湯治場だ。かつては宿泊もできた一軒家。玄関受付で500円を支払い、縁側廊下を奥に進む。天井が低く狭い脱衣場で支度をし、湯室の扉を開けると半地下に続く階段が。ゆっくり静かに下りていくと、5人ほどが入れる小さな湯船に黄土色の湯が満たされている。下半分がコンクリート壁、その上に木枠のすりガラス窓、男女湯を区切る年期の入った木壁はレトロな小宇宙だ。析出物《せきしゅつぶつ》でコーティングされた浴室の床は美しく、火星の表面写真のようでもある。

　源泉から汲み取った温泉をタンクに一旦貯めて、調整を施したのちに湯船に汗ぐのが一般的な温泉だ。しかし、ここは、源泉そのものを湯船にして入浴をする足元湧出である。湯面はまるでとろ火で煮ているかのように揺れている。湯底の板張りの隙間から絶え間なく湧き出る新鮮な源泉の気泡のせいだ。34・5度のぬる湯でのぼせることがなく、心地よく1時間くらい浸かったままでいれる。

　明治時代からある温泉で、かつては療養目的以外では入れない本格的な湯治場だった。農作業などで負った切り傷の止血によく、治りが早いそうである。そもそもシャンプーや石鹸が使えないので、純粋に湯を楽しむ、湯に癒やされることが目的なのだ。

30分〜1時間の間、湯の中で静かにじっとする。スマホは濡れるので見れないし、読書もできない。ただじっとして気泡が奏でるプヨプヨという音と、川の流れ・鳥のさえずりを聴く。すなわち瞑想するしかない。でも座禅のように足がしびれることもない。マインドフルネスな温泉なのだ。やけど、切り傷、皮膚病にいいのだが、心のバランスを取り戻し、ストレス解消や集中力向上などの精神的な効果も期待できそうだ。なんと贅沢な時間だろう。

煮詰められる体、ひょっとしてここは「注文の多いレストラン」？

温泉に含まれるミネラル成分が、体液より少し濃い高張性ということで、主成分の塩分が体に浸透するようだ。また、湯はぬるいのに、炭酸ガス効果で血流がよくなり体はポカポカで、肌はピンク色になる。

絶え間なく泡の湧き出る黄土色の湯に長く浸かっていると、まるでだし汁でぐつぐつと煮込まれているような感じでもある。宮沢賢治のふたりの狩人が迷い込む森のなかの〝注文の多い料理店〟に似ていないか？　ひぇー、ひょっとして食べられちゃうの？

ぬる湯なので夏がおすすめ。湯上がり後の爽快感が最高！　寒い時期は湯上がりの温かい五右衛門風呂が焚かれる。1200円で2階にある休憩室が利用できる。ここで湯治体験も粋ではなかろうか。

濃厚な薬湯、体をくすぐる炭酸の泡、森の緑が放つ酸素とマイナスイオン。時間が止まったかのような自然との一体感が心地よい湯だ。

森泰成

5時間以内1,200円で部屋も借りられるので、プチ湯治が楽しめる。

ぷくぷくと浴槽底から炭酸ガスの泡が体をくすぐる。それがまた実に心地いいのだ。

戦後、広島の原爆被爆者が治療に訪れ、この温泉の薬効が広まったという、ほんまもんの名湯だ。

川をすこし上がったところに飲泉場がある。塩味と苦みの混合。持ち帰りは1リットル100円。

島根県　千原温泉　千原湯谷湯治場

泉質　ナトリウム - 塩化物・硫酸塩泉
住所　島根県美郷町千原 1070
電話　0855-76-0334
料金　500円

化粧水代わりの温泉水スプレーの販売あり。ここの湯ならお肌によさそうだ。

2位

福島県 西山温泉 老沢《おいざわ》温泉旅館

浴室で神社参拝、
そして「神の隠れ湯」を
全身で感じてみよう。

神の湯とよばれてきた西山温泉の湯。ここ老沢温泉旅館ではとくにそれが感じられる。

奥会津の山間にある西山温泉には、泉質、効能が違う8つの源泉が豊富に湧き、全てのお湯に浸かれば万病も治るといわれている。6つの施設があり、うち2つは日帰りのみ。ひな研のスター、つげ義春が訪れたのは西山温泉・中の湯だが、今は建て替えられ、つげ義春が泊まった頃の建物はない。そんななか、ひな研的外観と凄すぎるインパクトのお風呂があるのは老沢温泉旅館と言えるだろう。

温泉マニアの間では知る人ぞ知る人気の老沢温泉旅館だが、宿泊は1、2組ほどしか取らない。お食事は会津名物の馬刺しなどを出してくれる。日帰りは500円、基本は交代制で、1組約40分の設定になっている。

浴室に神社という不思議なインパクトがたまらない。

明治時代の構造をそのまま残す建物だそうだが、低い天井が特徴的。川沿いにあるお風呂へは階段を軋ませて降りて行くのだが、その階段が、またいいひなびた感をかもし出し、お風呂への助走となる。昔懐かしい感じの更衣室は1つ。ここは浴室は1つ、ある意味混浴だ。女性は気になる場合は交代で入る。そして、

意外と新しい階段を降りていくと、いきなりつげ義春的な浴室がある。ギャップ萌えせずにはいられない。

扉を開けるとまず目に飛び込んでくるのは正面にドンと鎮座する立派な神社だ。老沢温泉神社と書いてある。なぜ風呂に神社なのだ⁉　と思いつつ、裸だが、まずはお参りしてから入浴しなければならない気分にさせられる。鳥居こそないが、お賽銭箱まであり本格的だが、さすがに浴室まで財布を持って来る人は少ないだろう。現在、源泉は違う場所から引いているが、元々源泉が湧いた所に初代がこの神社を建てたそうだ。

神社前のコンクリートの床に3つの湯船が並び、お湯が滔々《とうとう》と流れている。豊富な源泉を掛け流し、シャワーも加水する設備もない。何もなく素朴なのがいいのだ。源泉は奥の神社側から壁沿いの溝を通り3つの浴槽に流れ込むのだが、各浴槽に分かれる溝に石が置いてあり、湯量、温度をその石で調節している。お湯はかなり熱く、奥から流れてくるので、手前にくるほど温度は下がるのだが、それでも熱い場合は、かき混ぜて徐々に体を慣らしていく。加水はしない、いや、できないのだ。お湯は黒く見えるのだが、入ると意外と透明な薄茶色だ。硫黄の香りが漂い、味はしょっぱく、湯船に入ると溢れ出る源泉と共に大量の湯の華が舞い上がる。白と黒の湯の華が混在するのがまた珍しい。自然そのものの源泉だけあって、時間や天気によっても温度や湯の色が変わるそうだ。これが「神の隠れ湯」「たん切りの湯」などの名が付く濃厚な名湯なのだ。血流がよくなり体はポカポカで肌はピンク色になる。

大西希

つげ義春ゆかりの温泉である西山温泉の中でも、いちばん当時の面影を残している。

古めかしい置物が旅情をそそるなぁ。

福島県　西山温泉　老沢温泉旅館

泉質　含硫黄　ナトリウム
　　　塩化物温泉（硫化水素型）
住所　福島県河沼郡柳津町五畳敷字
　　　老沢 114
電話　0241-43-2014
料金　500 円（基本的には交代制で
　　　1 組 40 分くらい）
宿泊　9,000 円

廊下をミシミシ踏みしめながら温泉に向かう。

入浴の心得
1、入浴前に必ず身体を洗うこと
2、浴槽内にタオルを入れないこと
3、浴槽内で泳がないこと
4、その他、伝染病又重い病気の方は御遠慮下さい

3位

大分県 七里田温泉 下湯《したんゆ》共同浴場

透明の湯に大粒の泡！
本物濃厚炭酸泉、
シュワッシュワの奇跡の湯！

腕についた大粒の泡に沸き立つ大量の炭酸！！ インパクトありすぎ！（湯口付近での水中写真）

別府から車で1時間、炭酸泉で有名な長湯温泉から6キロほど奥に入った農村にある七里田温泉、さらに強烈な奇跡の炭酸温泉である。もともとは地域の共同湯だったが、ありがたいことに一般にも開放してくれている。

まずは七里田温泉館に行き、受付をすませて鍵を受け取る。そこからラムネの湯の道しるべを頼りに歩いて3分ほど、川沿いの黄色いレトロな湯屋に到着する。

脱衣場から湯室のドアを開けると、目の前に半地下になった四角いシンプルな浴室。大量の透明な湯が、赤く美しい鉄色の析出物に覆われた床全体に掛け流されている。贅沢すぎて眩しい。テンション上がるわぁ。

体を流し、さっそく湯に浸かる。たちまちで全身に泡がまとわりつく。最初は小さな泡で、だんだん粒が大きくなり、カエルの卵のようになる。耐えきれなくなった泡が体から離れ、湯面にシュワシュワと上がっていく。気づくと周りの人たちの体も泡だらけ。

36度のぬる湯はのぼせることがないので、不感温浴（体温に近い温度で熱くも冷たくもない湯）の長湯を楽しめる。約1時間、浸かりっぱなしなのである。体温に近いので、冷たくも熱くもなくエネルギー消費が最小になるとのこと。これに温泉の浮力や薬理効果が加わって、超リラックス〜。全身どこにも力が入って

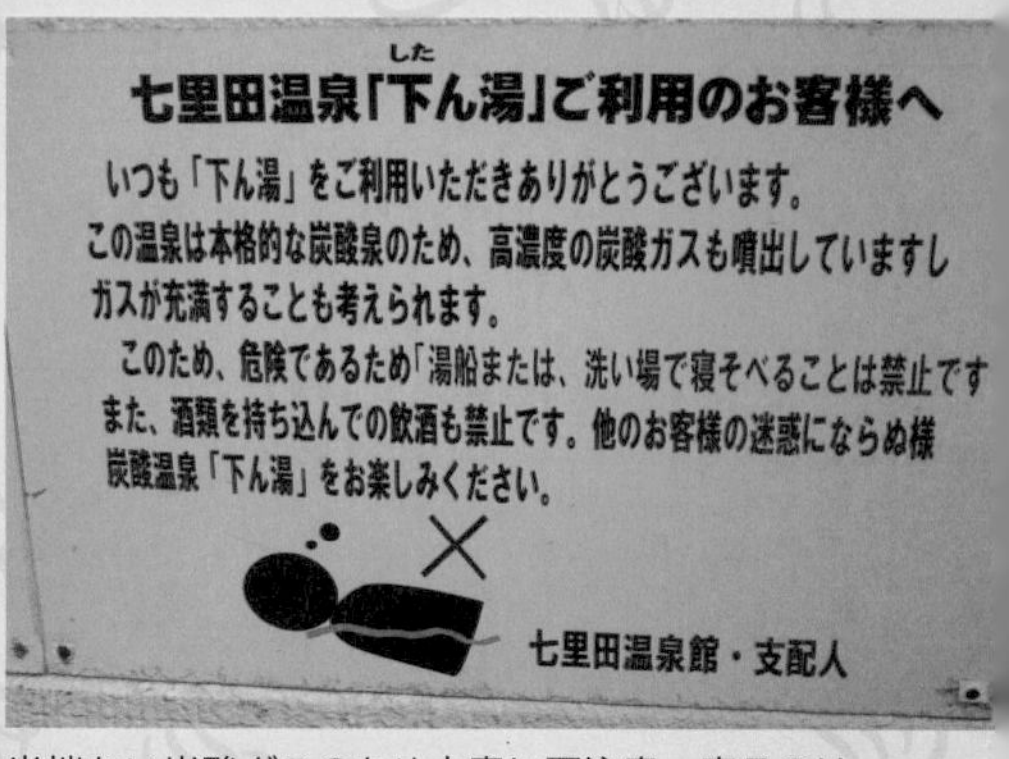

受付で入浴チケットを買い、下湯（ラムネの湯）に入りたいと告げるとカギを貸してもらえる。入浴料500円とは別に鍵の補償代として1,000円を預けるので用意しておこう。

半端ない炭酸ガスのため中毒に要注意。寝るのは良くないとのことだが、すみません、気持ちよすぎて、ついウトウトしてしまう。

ない〜。このまま体が浮いてしまいそう（笑）。

手で肌をなでて付着した泡を一斉に開放する。体の形に沿って湯面からシュワシュワと泡がはじける。そしてまた再び新しい泡が肌につき始める。プチプチをつぶすような達成感、脱皮したかのような生まれ変わり感、それを繰り返して飽きることなく1時間を過ごす。

湯口にはコップが置いてある。飲んでみる。ぬるい炭酸に鉄分が混じった味。良薬口に苦し、胃腸によさそうだ。長湯温泉も炭酸で有名だが、ここの湯の炭酸はさらに上をいくので、きっと効能も上をいくはずだ。

炭酸ガス濃度が高すぎて酸欠注意?!

換気をせずにいると、酸欠を起こすほどに炭酸ガスの濃度が高いらしい（怖）。湯口の横の黒い部分に換気扇がある。上部のガラス窓も開いているか確認しよう。

日本全国を湯巡りしたが、泡つき量はここが間違いなく断トツ日本一！でも分析表の遊離二酸化炭素の含有量は必ずしもトップでないのが不思議だ。施設の方によれば下湯は湯口のすぐ近くで自噴しており、そのまま湯船に注いでいるとのこと。源泉に近いことで気が抜けることなく、天然の炭酸パワーがそのまま伝わるのでしょう。

二酸化炭素（炭酸ガス）の働きで血管が拡張して血行がよくなり、じわじわと体の内側から温まってくる。でもぬる湯なのでやはり夏がおすすめ。湯上がりはホクホクというより爽快かな。温泉を超えた、疲労回復・美容・健康のパワースポットだ！

森泰成

川沿いの湯屋。レトロだわー。

七里田温泉館。ここで受付をする。下湯とは泉質の異なる木乃葉の湯がある。

大分県　七里田温泉　下湯共同浴場

泉質　マグネシューム・ナトリウム・炭酸水素塩泉（炭酸泉）

住所　大分県竹田市久住町有氏4050-1

電話　0974-77-2686

料金　500円

※入浴者数を鍵の数で管理していて、混雑時には待つことになる。入浴は1時間まで。

湯口に近いポジションは泡つきがすこぶるよい特等席！でも独り占めせず、譲りあってみんなで楽しもう。

4位

宮城県 東鳴子温泉 高友旅館

こんな渋いお風呂に喜んで
いっしょに来てくれる相方を
みつけたいなぁ……。

油臭マニアの聖地。ガツンと効く湯がたまらない。東鳴子の名湯、ここにあり！

おっと、先頭の出入り口に行かないと降りられないんだった……慌てて運転手のいるところまで行く。あぁ、間に合った。ここはJR鳴子御殿湯駅。隣の鳴子温泉駅のように、駅を降りたとたんにあの温泉特有の「匂い」がすることもなく、また賑やかさもない駅。

この静かな駅から坂を下り広い道に出て左へ、線路をくぐって歩いていく。この東鳴子温泉はどこのお宿も外から見ると暗く、電気がついているのかどうかもわからないくらい。そのため、営業しているのか、ましてや日帰り入浴を受け付けているのかもわからない感じのところが多い。歩き始めてほどなく道の右側に、TAKATOMOと名前の入った看板が見えてくる。するとその向かい側、進行方向左側に高友旅館が現れる。車で入れるようになっているのだが、営業しているのか、不安を感じながら、入り口に近づいていく。中を覗くと人影が動いている。

名物の黒湯。色だけじゃなくって独特な油臭もたまらない。

この高友旅館はその「黒湯」で知られている。この温泉は、黒湯といっても真っ黒ではなく、またその時によって微妙に色が異なっているようだ。また、色よりもかなりの油臭がするということに魅力（?）を感じる人も多いようだ。まさにぼくもそのひとり。ここの混浴風呂は、風呂場の中が明るすぎず、そして黒湯なので女性も湯舟に入ってしまえばほとんど身体が見られることもなく、のんびりとはいれるようだ。この前入ったときもひとりの女性と混浴となったが、自然とこの温泉についてのお話となった。洗い場も湯舟も充分な広さがあるので、自然体でお話ができる感じがする。

　ここのお風呂は、大きく2か所に分かれておかれている。その場所によって泉質も微妙に異なっている。その2か所とは、上記の混浴（湯舟2つ）と女性専用、ラムネ風呂（女性専用）とひょうたん風呂（男性専用）である。泉質では、前者は「含硫黄―ナトリウム―炭酸水素塩泉」、後者は「ナトリウム―炭酸水素塩泉」となっている。個人的には、前者の方が色も匂いも濃くて魅力的に思える。また、館内の案内にはひょうたん風呂とラムネ風呂は同じ温泉が使われていると記述されているが、実際には泡のつき方が全く違うようである。泡つきのいいラムネ風呂に男性が入るには、夜の限られた時間しか許されないため、ここにこだわる人は宿泊しないといけないことになる。うーん、女性はいいなぁ。男性はつらいところだ。

　この旅館は、建物の中が意外に広く複雑な構造をしているので、ちょっと曲がるところを間違うと迷ってしまう。しかも、古いからか（?）建物の中が薄暗いのでなおさら迷いやすい。案内を見逃さないように注意しながら進まなければいけないが、その迷路のような薄暗い建物の中を進む感じも、また魅力ともいえる。

　ここの黒湯（含硫黄―ナトリウム―炭酸水素塩泉）は、風呂から出た後も手のひらに残った匂いからこの温泉の強さを感じることができる。そして、帰ってからもこの温泉への思いを馳せることができる。思い出すと……また行きたくなるんだなぁ。

藤牧朗

この浴室入り口の古びた感じがいい味出していて気分をあげてくれるのだ。

その名の通りの形をしたひょうたん風呂

高友旅館の黒湯は人によっては入浴後、ぐったりとするのだという。でも、そのぐったりが治ると、あら不思議、体がシャキッとしてしてくるのである。

宮城県　東鳴子温泉　高友旅館

泉質　含硫黄 - ナトリウム - 炭酸水素塩泉他
住所　宮城県大崎市鳴子温泉鷲ノ巣 18
電話　0229-83-3170
料金　500 円
宿泊　通常宿泊　8,790 円～
　　　湯治部宿泊　4,390 円～

迷路のような館内を探検するのも楽しいよ。

5位

栃木県 那須湯本温泉 雲海閣

薄暗いトンネルのような
階段を抜けて……、
ボロ宿の名湯ここにあり。

名物の薄暗い長い階段を降りていく感じがたまらない。ああ、雲海閣に来たなぁって思えるのである。

梅雨空のもと、単身栃木県は那須湯元へ。温泉愛好家でもなければ旅好きでもない私だが、せっかくの連休にすることもなく、ぼんやりとこの地を訪れた。霧雨が空の灰色と草木の緑とのコントラストを弱めた風景をさまよって、ようやくこの日の宿「雲海閣」にたどり着いた。

宿に入ると年月を重ねて醸成された味というか匂いを感じる。破れた網戸や蜘蛛の巣のかかった置物も汚いとか不衛生というより、これが「ひなび」というものかと納得してしまう。さて、主人が「温泉はこちらです」とフロントの裏手に案内してくれたが、ずっと先まで続く廊下は、落ち込んだ階段と薄暗さのせいで先が見通せない。まだ陽のある時間だというのに、奥に進むのを躊躇させる空気である。しかしそこにある種の好奇心がくすぐられた。この謎めいたトンネルのような廊下を、夜、ひとりで行くとしたら……。

湯に浸かったとたん、思わず快楽のうめき声が。

夜10時。踏み出した一歩に床が軋み、何故か息を殺す自分がいる。はるか奥まで緩やかに下るコンクリートむき出しの廊下は、わずかな電球でなんとか視界が保たれているが、容易に手の届く天井や、むっとするほどの湿気はまるで炭鉱のようだ。ようやく突き当りの角を曲がると、さらに木製階段が暗がりの底に続いている。この宿は冥府にでも続いているのだろうか。ついに階段を下りきると、暖簾に刻まれた「ゆ」の文字が現れた。おっかなびっくり「ゆ」をくぐると、果たして、そこには温泉があった。

硫黄の匂いが湯気となって木の湯舟から立ち上り、電灯の鈍い明かりを包み込んで攪拌《かくはん》している。夜中に見知らぬ土地の宿にひとり、不思議なほど深い階段の底で、視界をもやで覆われたこの状況は、非日常どころか非現実的である。おそるおそる湯舟に足を踏み入れると、浸かったところから「水色」の濁りに隠れてしまう。自然と快楽のうめき声がこぼれ、ここまでの道中で不安に縮こまっていた心身が一息にと

玄関はそれほどではないけれど、中へ入るとボロひなワールドが広がるのだ。

けだした。どこにもデジタルの表示などないが、見事に適温だ。人生で湯に「浸かる」ことはいくらでもあったが、湯に「包まれる」と感じたのはこれが初めてである。ぼーっと目をやる先には富士の絵も絶景もなく、ただ古びた木の壁、ブロック壁があるだけだが、それでいいのだ。ここにこの湯以外の贅沢は余計である。独り占めしたこの空間で、私は一人、湯と悦にひたりきった。

翌朝早く、私はこの宿のもうひとつの温泉、明礬《みょうばん》泉に浸かっていた。正面

この味わい深いボロさ。人の手で出せるのではありません。

が全面ガラス窓になった浴室はひと足先に陽光を迎えている。温泉の効能についてはとんと無知であるが、ピシッと肌をはたかれるような、寝起きの心身を覚醒させる湯に感じられる。剥がれたタイルは哀愁を漂わせるが、眺めるうちに「絶えず清潔、完璧であれ」と心にへばりつく鱗が落ちるようだった。こんな素朴で素敵な世界が、全国各地にまだ散らばっているのだろうか……。すっきりと目が覚めた私は、ゆっくりと湯舟から立ち上がった。

井田喜宣

メインのお風呂は那須湯本らしい白濁した硫黄泉。もうひとつ明礬泉のお風呂もある。

栃木県　那須湯本温泉　雲海閣

泉質　酸性・含硫黄 - カルシウム - 硝酸塩・
　　　塩化物温泉
住所　栃木県那須郡那須町大字湯本 33
電話　0287-76-2016
料金　400 円
宿泊　4,500 円～

階段の途中にあるトンネル。ほとんどホラーである！

溢れる源泉、そして気づくと
体中が泡に包まれている。

6位

島根県 小屋原温泉 熊谷旅館

小さな村を抜けて道を曲がった途端に山の中に入った感が出てくる。その中にポツンと一軒、昭和風外観の建物が見えると、それが熊谷旅館だ。外見とお風呂への廊下は昭和な感じが漂い、まさにひなびた温泉好きにはたまらない。客室は5部屋のみ、そこに4つの貸切温泉があるのだから贅沢だ。

お風呂へ行くには、建物内でも旅館部分よりも古い、昭和の学校のような廊下を通る。そこに並ぶ4つの小部屋にお風呂がある。全て貸切。空いていれば好きなお風呂に入れる。日帰り入浴の場合は1時間５００円、部屋移動はできないので1つお風呂を選ぶことになる。宿泊の場合、入浴時間は朝6時30分から夜10時30分まで、1つのお風呂の入浴時間50分までで、好きなお風呂にいくつもはいれる。基本は同じお湯だが、湯量のせいか温度、泡付きは同じお風呂でも日によって違うそうだ。お風呂の形もそれぞれ微妙に違うので、全部入ってみたくなる。

小さな湯舟に常に源泉が流れ込んでいるので、入るとザバァ～っとお湯が溢れ出て、鉄分たっぷりの湯の花が舞い上がる。お湯は建物の下から湧いている源泉を贅沢に掛け流している。夏は加温、加水など全くしてない38度とぬるめで、いくらでも浸かっていられる温度だ。冬は38度だと寒くて上がれなくなるので、お湯を足して温度調節ができるようになっている。お湯に入ると鉄の匂いが主張している。そして、しばらく浸かっていると身体中に天然の気泡が付いてくる。泡を着けては取って、ついつい長湯してしまう。ぬるめのお湯でも後からじわっとくる温かさがあり、体はとても温まる。炭酸と鉄の2イン1、この濃厚なお湯がたまらないのだ。

大西希

廊下に４つ小部屋が並び、好きなお風呂を選ぶ。

ずっと浸かっていられるぬる湯の炭酸泉。

山間にポツンと一軒。そんなところもいかにも湯治場だ。

お風呂は小ぶり、大人が２人入るといっぱいだ。湯船に入るとザバザバ惜しげもなく源泉が溢れる。温泉成分がこびりついたお風呂は趣がある。

島根県　小屋原温泉　熊谷旅館

泉質　ナトリウム塩化物泉
住所　島根県大田市三瓶町小屋原
　　　1014-1
電話　0854-83-2101
料金　500円
宿泊　9,500円

今では知る人ぞ知る山間の伝説の秘湯で、身も心もトロトロに。

7位

群馬県 霧積温泉 金湯《きんとう》館

「対向車が来ませんように！」と祈り、狭い路を駐車場に向かう。さらに送迎車か徒歩で山道を登らなければ、たどり着けない秘湯宿！

70年代に一世を風靡した『人間の証明』は、若かりし森村誠一がこの宿のおにぎり弁当の包み紙に刷られていた西條八十の詩に感動して、のちにその詩に着想を得て発表し、大ベストセラーとなった。金湯館も小説の舞台として登場している。もし若かりし森村が、金湯館のお弁当を食べていなかったら、『人間の証明』は生まれてなかったのかもしれない。

名湯と文豪の関係は数多くあるけれど、金湯館は政治を動かしていた偉い方々もいらしていた宿。てなことで、今宵は伊藤博文氏が明治憲法を草案したとされる、歴史好きは必見！　な激動の時代を見守ってきたお部屋でお泊まり。

愛しのカルシウム硫酸塩素泉にいそいそ向かい、少し温めのお湯に「はぁ〜ぁ〜」。明ばん重炭酸土類を含む無色透明のやわ〜らかな39度前後のお湯は飲泉でき、体の中も綺麗になるわけです。すぐにきめ細かい泡がまとわりつき、泡を拭うと肌の上を滑るように消えていく感触が最高。あ～極楽極楽！
人との出会いと食事も楽しみであり、今回は山ガールズ？　とオーバー80'sのジモガールたちと湯あみ♪　山菜など10種ほどある天ぷら、鮎の塩焼き、具だくさんな豚汁など、たらふく食べて秘湯の夜は更けていった。

なーぜか早く目覚めちゃう温泉宿の朝風呂は大女将とご一緒になる。トゥルトゥルのお肌は極上湯の威力だよな～と感じながら、130年以上続く宿の歴史など聞かせてもらえたのは三文の徳以上でございました。

多くの別荘があった霧積温泉も今ではポツンと一軒宿の金湯館。だからこそこの生き残った極上のお湯が愛おしく、ずーっと大切にしたいわけです。ひたすら湯に浸かり、遠い昔に思いを馳せ、秘湯でトロトロになる非日常の贅沢をぜひ味わってくださいませ！

赤堀薫

これがウワサのおにぎり弁当だ。

森村誠一さんにもおにぎりをにぎった女将のみどりさん。今も健在。

群馬県　霧積温泉　金湯館

泉質　カルシウム硫酸塩泉
住所　群馬県安中市松井田町坂本1928
電話　027-395-3851
料金　700円
宿泊　13,200円～

赤い欄干の橋を渡っていくところが、なんだかワクワクするんだなぁ。

8位

鹿児島県 霧島湯之谷温泉 霧島湯之谷山荘

この雰囲気！　この極上湯！
鳴呼、もうほかになにもいらない。

山中にポツンと佇む一軒宿。狭い山道のすれ違いを注意して車で行けば、意外にアクセスは早い。とはいえ、何も知らずに立ち寄るような場所でもない。来る人は皆同じ、ただただ、いいお湯を求める純粋な温泉ファンだ。

昭和15年開業の老舗旅館。元々が温泉に長期滞在するための「湯治場」といった趣。

自慢の大浴場は味のある総木造り。3つの浴槽は奥が46度の硫黄泉、手前が30・2度の（炭酸）硫黄泉、真ん中に2つのお湯が流れ込む混合泉という具合。浴室の広さに対して湯船が小さく感じられるが、これがまた、それぞれの温度と湯量を計算した絶妙な大きさだったりするのだ。

充満する硫黄の匂いを胸いっぱい吸い込み、奥の浴槽から「あっちあっち」と呟きながらそろりと身を沈める。蛇口を捻ればミネラルたっぷりの天然水で温度を下げられる……が、ココで私はしばし我慢。程よく火照った身体を炭酸（硫黄）泉にザブンと浸けた時の快楽たるやもう……あぁ気ん持ちエ〜♪　と思わず声が出ちゃう。目の前にある赤いレバーを捻って5秒程待つと頭上から打たせ湯がドボドボと落ちてくる。く〜っ、これが楽しい♪　昔は底に溜まった湯の華を集めて団子を作って遊んだりしたものだが……。

　交互浴を数回繰り返した後は、極楽ぬる湯の混合泉でウトウトするのが最高のローテなのだけど、大抵は常連のトド寝パイセンたちがココに横たわり、占拠している。こうなったら私も宿泊して夜通しトドるとしよう（笑）。

　天狗様が睨みを利かせる厳かな雰囲気の露天風呂。30分の貸切湯（無料・予約制）として利用できるのも宿泊客の特典。

長谷部義文

宿泊客だけがはいれる露天風呂。

露天に向かう途中で突如現れる天狗さん。なんだかやけにエキゾチックな顔をしているのだ。

鹿児島県　霧島湯之谷温泉

霧島湯之谷山荘

泉質　単純硫黄温泉（硫化水素型）
住所　鹿児島県霧島市牧園町高千穂4970
電話　0995-78-2852
料金　500円
宿泊　5,500円～

唯一無二の世界遺産温泉！
日本人の心の故郷的な名湯。

9位 和歌山県 湯の峰温泉 つぼ湯

温泉が多い和歌山のなかでも、私は湯の峰温泉が一番好きだ。熊野詣と併せて温泉巡りができる、そんな素敵な場所。まずは熊野本宮大社へ参拝し、湯の峰温泉に向かう。日本最古の温泉「つぼ湯」がここにある。

つぼ湯は熊野詣の前に身を清める湯垢離場《ゆごりば》として昔から親しまれ、世界遺産に温泉として日本で唯一登録されている。川の中に設けられた湯小屋に、大人2人がようやく浸かれる程の大きさの岩風呂があり、足元から高温の源泉が湧出する。高温すぎて加水しなければ入れない。湯の色が無色透明、白濁色、瑠璃色など、条件によって7色に変化し、大自然の神秘を見せてくれる。

つぼ湯は30分交代制の貸切風呂。営業開始の時点で順番待ちの列ができることもある。しかし、お湯が高温のため長湯は難しく、思ったよりも待ち時間は短くなることが多い。

待ち時間や入浴の間に湯筒で温泉卵を作るのが楽しみのひとつ。湯の峰のひなびた雰囲気を味わいながら、湯上がりにいただく温泉卵と熊野古道ビールは最高のご褒美。

和歌山は昔から自然災害が多く、熊野本宮も明治までは、現在日本一大きな鳥居がある大斎原《おおゆのはら》に鎮座していた

湯の峰温泉は川沿いの風情ある温泉街。

が、大洪水で流出し現在地に移転された。つぼ湯も過去に大地震で温泉の湧出が止まったことがあり、今も台風や大雨の時は水没し、利用できなくなってしまうこともある。

日本人は自然災害を克服し、豊かな自然の恵みを利用し、自然の循環の中で生きてきた。温泉もそのひとつ。熊野の大自然とつぼ湯を護り続けてきた先人に、来るたびに感謝し、畏敬の念を抱かずにはいられない。

死者の国、蘇りの地の熊野を訪れ、つぼ湯に浸かると身も心も蘇る気分になる。そして、来るたびに思う。「また来たい」と。

城ヶ崎えいみ

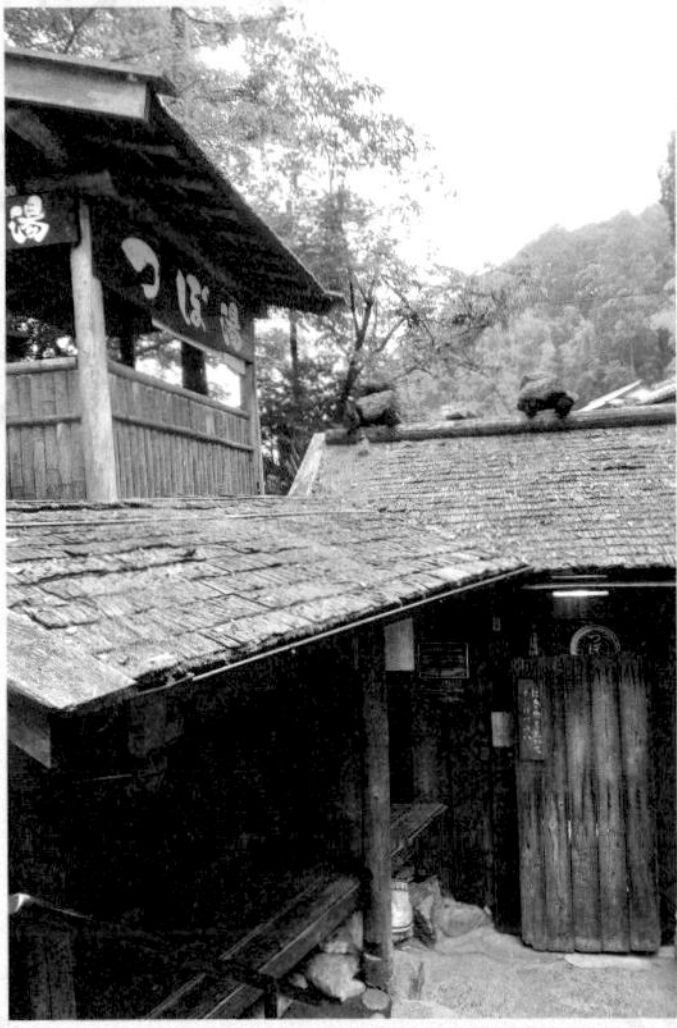

和歌山県　湯の峰温泉　つぼ湯

泉質　含硫黄 -Na- 炭酸水素塩泉
住所　和歌山県田辺市本宮町本宮
　　　湯の峰 110
電話　0735-42-0074
料金　400 円

つぼ湯の湯小屋は湯ノ峰温泉のアイコン的存在だ。人気の温泉なので早朝が狙い目。

温泉卵をつくろう！

失敗しない温泉卵の作り方

源泉温度が高い温泉地で、温泉卵を作って食べるのも温泉巡りの楽しみのひとつ。卵を茹でるための場所を用意してくれている温泉地もあり、泉質によって異なる温泉卵の味が楽しめます。

※温泉卵とは？
半熟のものだけでなく、卵を温泉で茹でて作るもの全て温泉卵です。

茹でる前の準備

卵に小さなヒビを入れるか、針などで小さい穴をあけてください。そうすれば卵の身に亀裂が入るのを防ぎ、殻がむきやすくなります。また卵は新鮮なほど殻がむきにくく、鮮度が落ちているほうがむきやすいです。

茹で時間と出来る卵の特徴

◆茹で時間目安（卵Mサイズ）

半熟					
気温	源泉温度				
	100℃	95℃	90℃	85℃	80℃
10℃	6:31	7:17	8:16	9:32	11:17
15℃	6:03	6:48	7:45	8:59	10:42
20℃	5:34	6:17	7:12	8:23	10:03
25℃	5:03	5:44	6:36	7:45	9:21

7分茹で					
気温	源泉温度				
	100℃	95℃	90℃	85℃	80℃
10℃	7:33	8:20	9:18	10:35	12:20
15℃	7:06	7:51	8:47	10:02	11:44
20℃	6:37	7:20	8:14	9:26	11;06
25℃	6:06	6:47	7:39	8:48	10:24

固茹で					
気温	源泉温度				
	100℃	95℃	90℃	85℃	80℃
10℃	9:52	11:23	13:30	16:52	24:09
15℃	9:25	10:54	12:59	16:19	23:36
20℃	8:56	10:23	12:26	15:43	22:57
25℃	8:25	9:50	11:50	15:05	22:15

注意点

固茹で

時間をかけすぎるとパサパサになってしまいますので、注意して下さい。

半熟玉子

茹でた後は、すぐ冷水につけて冷ましてください。予熱で固茹でになってしまうのを防ぐのと、殻をむきやすくするためです。

反対玉子

源泉温度：65℃～ 70℃
茹で時間：30 分

黄身が固まっていて、白身が半熟状態。半熟卵の反対です。

卵は白身と黄身で固まる温度が異なり、黄身は 65℃から固まり始め、70℃以上で完全に固まります。白身は 58℃から固まり始め、80℃以上で完全に固まります。この固まる温度差で作るのが反対卵。

味つけ

卵の殻には見えない無数の穴が空いているため、塩分の強い温泉だと良い感じに味付き卵に。味が染み込むには温度は関係なく、つけている時間が長いほど味が染み込む。

温泉卵を作るのは簡単に見えて実はすごくむずかしい。

茹で卵の加減は、その日の気温や卵の状態、源泉の温度によって絶妙に変わってきます。みなさんも是非お気に入りの温泉地で、温泉卵作りを楽しまれてはいかがでしょうか。

この宿主に会いに行くために北海道へ。
今日も熱い夜になりそうだ。

10位 北海道 濁《にごり》川《かわ》温泉 新栄館

それは猛吹雪の2月夕暮れだった。何度呼んでも応答はなく電話もかからない。車の中で待機すること30分、中に人影が見えた。開口一番「あんた誰！」予約の者です。「予約？　聞いてない」強烈なインパクトだった。大変なところに来てしまった。

開湯は1900年。120年の歴史を噛みしめながら3つの浴槽に佇む。熱湯の泉質は含硝酸土類食塩泉。仄かに墨の香（ヨウ素香）が鼻腔に広がる。ほっこりする。極上の湯だ。さて出ようと脱衣場の扉を開けてびっくり！　若い女性が服を脱ごうとしている。ああ混浴だった。謝罪し女性が浴槽に入るまで待って再び服を着に出る。120年前の許可のため衝立のみの脱衣場でもOKなのだ。

夜は長い。この湯の真価はここにある。温泉に入っただけでは半分も判らないのだ。当主の中田良吉さんは饒舌である。大好きなビールと気に入った客がいると饒舌度が加速する。卒寿を超えてなおスマホ2台を駆使しあらゆる年代の話題で語れないものはない。私も政治、経済、投資、歴史、哲学、恋愛等日付けが変わるまで語り合った。「あんた誰！」と言われたにもかかわらずである。こんな素敵

3つの浴槽は明治時代のまま。土砂崩れの時には村人総出で掘り返したらしい。

開湯は 1900 年。泉質は含硝酸土類食塩泉。仄かに墨の香がする。

宿主はロシア人とも饒舌に語る。ロシア人は、宿主が自分よりロシア近代史に造詣が深い事実を知り驚く。

な愛すべき宿主はそうそう日本に居るものではない。私はこの宿主に会いに来るために北海道に来たといえるだろう。

志甫浩之

北海道　濁川温泉　新栄館

泉質　含硝酸土類食塩泉

住所　北海道茅部郡森町字濁川 49

電話　01374-7-3007

料金　700 円（3 歳まで 300 円）

宿泊　7,000 円～

なにがなんやら（笑）。とりあえず電話しよう。

明治・大正・昭和。
しみじみタイムスリップ。
しみじみ湯を味わう。

レトロモダンなローマ千人風呂。大きな丸い湯船。本物レトロなタイル。壁画。
ボロレトロビューティ空間に萌え萌えだ！

11位

山形県 瀬見温泉 喜至楼

雪の中に現れた別館は一部が大正時代の建築。宿泊のお部屋は昭和に建てられたもの。本館は明治元年に建てられた山形県で最古の建造物。レトロ好きにはたまらない宿です。湯は熱めの硫酸塩泉掛け流し。「ローマ風呂」「オランダ風呂」「あたたまり湯」。素敵なレトロなタイル使いの浴場たち。経年劣化で、あちこちタイルが剥げている。ここの湯に浸かったら、時代に思いを馳せてしまう。静寂の雪の中。しみじみ、じんわり。最高です。

鶴見千恵子

建物も文化財級！見どころいっぱいですよ！

山形県　瀬見温泉　喜至楼

泉質　ナトリウム・カルシウム
　　　塩化物・硫酸塩温泉
住所　山形県最上郡最上町大字
　　　大堀 988
電話　0233-42-2011
料金　500 円
宿泊　4,000 円～

宝石のように瞬く湯。
うつらうつらと夢心地。
九州を代表する至宝の「ぬる湯」。

美しいエメラルドグリーンの「下の湯」。お湯の透明度が高すぎて写真に上手く映らないほどなのだ。

12位

鹿児島県

湯川内《ゆがわち》温泉 かじか荘

夏になると行きたくなる。かじかの声……美しいぬる湯……。九州を代表すると言っても過言ではない貴重な「足元湧出」自噴泉。

1754年（宝暦4年）に発見され、その後120年間は島津家御用達の武士の湯だった。明治以降は一般市民も利用できるようになって、さらに150年近い歴史がある。

深い浴槽に透明度の高い38～39度のぬる湯が、たっぷりと満たされている。ツルツルとした湯ざわりにホンワリと硫黄香漂う極上湯。足元の砂利から、プクップクッと新鮮なお湯が湧き上がり、体をくすぐる心地よさ。「上の湯」はさらに湧出量が多い。

長谷部義文

築年数は百年以上のひなびた湯治場だ。

鹿児島県　湯川内温泉　かじか荘

泉質　アルカリ性単純温泉
住所　鹿児島県出水市武本2060
電話　0996-62-1535
料金　300円
宿泊　3,500円～

昭和感ただよう「トド寝の聖地」
フルーティなお湯は洪水のような湯量。

浴室に入れば、誰もがまず、まるで洪水みたいな掛け流しに度肝を抜かれることだろう！

13位

青森県 古《ふる》遠《とお》部《べ》温泉

秋田との県境に位置する碇《いかり》ヶ《が》関《せき》は、ひなびた温泉の点在するエリア。そこで屈指の人気を誇るのが、この「古遠部温泉」だ。緑深い山をバックに、景色に溶け込む素朴な一軒宿が佇んでいる。内湯のみの浴室は、全面が木造。床は温泉成分で赤茶け、ビジュアルは、色彩豊かな絵画のようで芸術的だ。

うぐいす色のお湯は、フレッシュな金気の香りが鼻を抜け、飲泉すると甘味、塩ダシ味、鉄味、炭酸のハーモニーがフルーティ。洪水のような湯量は圧巻で、浴室の床に寝転ぶ「トド寝の聖地」としても知られる。ここで過ごす時間は、昭和に取り残されたような感覚になる。

小松渉

携帯は繋がらない。でもそれでよし。ひたすら温泉三昧を楽しもう。

青森県　古遠部温泉
泉質　ナトリウム・カルシウム-塩化物・炭酸水素塩・硫酸塩泉
住所　青森県平川市碇ヶ関西碇ヶ関山 1-467
電話　0172-46-2533
料金　350円
宿泊　9,400円～

那須の山奥にある渋い湯治宿は
迷路のような一軒宿。

巨大な天狗のお面が睨みをきかす、インパクト抜群の天狗の湯。湯量が豊富なのも北温泉旅館ならでは。掛け流しも豪快だ。

14位

栃木県

北温泉 北温泉旅館

北温泉旅館は映画『テルマエ・ロマエ』やドラマ『さすらい温泉♨遠藤憲一』のロケで使われた、とても渋い雰囲気の那須の秘湯である。観光客で賑わう湯本の温泉街を通り抜け、県営の無料駐車場に到着。5分ほど絶景を楽しみながら歩いて行くと、歴史を感じさせる宿の全景が見えてくる。番頭さんがお風呂の場所を丁寧に教えてくれるが、迷路のような館内を迷いながらお風呂を探すのも面白い。内湯の目の湯（女湯）と北温泉の名湯、天狗の湯、男女別の露天風呂は山の景色が素晴らしい。露天風呂プールの脇にある相の湯は、江戸時代にタイムスリップした気分になれる温泉だ。

阿部絵里

まるで養殖池みたいな温泉プール。豊富な湯量の証である。

栃木県　北温泉　北温泉旅館

泉質　単純温泉
（中性低張性高温泉）
住所　栃木県那須郡那須町湯本151
電話　0287-76-2008
料金　700円
宿泊　7,900円～

湧いているところからして本物中の本物。
浸かっていると身体がほどけてくる。

無色透明の「下の湯」。源泉温度 38 度の足元湧出湯。鮮度抜群な湯に浸かれば、ここ谷地温泉が『日本三秘湯』のひとつとして数えられるのも納得できるだろう。

15位

青森県 谷《や》地《ち》温泉

八甲田山の南に位置する谷地温泉。「ヤチ」「ヤツ」というのは「低湿地、湿地帯」の意味で、一説にはアイヌ語起源ではないかとも。温泉の北側に広がる谷地湿原は、意味としては「湿原湿原」になってしまうわけである。低いところに湧く温泉ゆえに、その実力たるや本物中の本物。遊歩道の奥には「温泉の湧く沼」があって展望台もある。実力満点の湯は足元湧出で、白濁の「上の湯」はやや熱め、それに比べると少しぬるい「下の湯」は「霊泉」と呼ばれている。硫黄臭に包まれて体をほどいていると、秘湯感抜群で、開湯４００年の歴史にも思いを馳せずにはいられない。

髙橋文正

ひなびた外観もたまらない。一度は廃業したが、復活したことを心からよろこびたい。

青森県　谷地温泉

泉質　単純温泉
住所　青森県十和田市法量谷地 1
電話　0176-74-1181
料金　600 円
宿泊　12,300 円～

独り静かに湯に浸かり
古き良き湯治文化に浸る。

藤三旅館といえばやっぱり「白猿の湯」。深さ 125cm の立ち湯。底の岩盤から源泉が湧き出す足元湧出の湯。名湯に浸かりながら天井の高い空間を愛でよう。

16位

岩手県 鉛温泉 藤三旅館

日本一深い自噴天然岩風呂で有名な「白猿の湯」。透き通った滑らかな湯が、125㎝の深さからこんこんと湧き出ている。他に誰もいない中での入浴は、まるで時が止まったかのよう。厳かで風格ある浴室の雰囲気に心打たれる。昔ながらの湯治部と現代的な旅館部が共存する。

湯治部は歴史を感じさせる木造建築。丁寧な接客と素朴ながらも抜かりなく美味しい食事が供される。自炊も可能で、炊事場には今や貴重な10円ガスコンロが設置されている。現代人の温泉に対する嗜好の変化に対応しつつも、湯治文化を大切に伝承する素晴らしい旅館だ。

大浦高晴

風格を感じずにはいられない建物も素晴らしい。

岩手県　鉛温泉　藤三旅館
泉質　アルカリ性単純温泉
住所　岩手県花巻市鉛中平 75-1
電話　0198-25-2311
料金　700円
宿泊　3,300円～

おどろおどろしい、
恐怖の恐山？
でも実は？

これぞ硫黄泉！　これぞ火山の恵み！　白い湯の華が舞う極上湯！　こんな温泉に無料で入れるなんて、ああ、生きていてよかった！

17位

青森県　恐山温泉　花染の湯

恐山というと、子供の頃にテレビで見ていた心霊番組のおどろおどろしい演出が刷り込まれていたけど（そういう人、きっと多いのでは？）、大人になって来てみると、そんなオカルトめいたところではなく、むしろ心が清らかになるような霊山でした。そしてここには入山料を払えば無料で入れる極上湯の温泉がある。地面から沸々《ふつふつ》と湧き出す地獄の湯に、全身浸かって邪念を洗い流す。心も体もリセットできるすばらしい湯。恐山のイメージが、がらりと変わること間違いなし！

今中宏明

極上湯を堪能した後は境内を散歩。地獄、極楽浜と、見どころいっぱい！

青森県　恐山温泉　花染の湯
泉質　酸性・含硫黄・ナトリウム・カルシウム - 塩化物 - 硫酸塩泉
住所　青森県むつ市田名部字宇曽利山 3-2
電話　0175-22-3825
開山期間　毎年５月１日～10 月末日
開門時間　6:00 ～ 18:00
入山料　500 円（温泉は無料）

源泉の自噴が激しすぎて
ま、まさかの浴室水没!?

バズーカ砲みたいな湯口から源泉が絶え間なくドバドバ豪快に吹き出して、まさかの浴室水没。それだけに湯の鮮度も抜群。こんな珍名湯、見たことないゾ!

18位

富山県 湯谷温泉 庄川湯谷温泉

まさか浴室全体が水没している温泉があるなんて。なぜそんな温泉があるのか? なんでも、源泉の自噴の勢いが凄すぎて、そうなってしまったのだとか。しかもそこは、ひなびた、いい味出した温泉でもあるっていうんだから、貴重なこと、この上ない温泉でもある。

そしてまた、湯もいい。まずドバドバだから鮮度が抜群。そして、かすかなたまご臭が鼻をくすぐる、39度ちょっとの長湯できる適温っていうんだから、まったくもって恐れ入ってしまうのである。まずはその目でこの不思議なインパクトの温泉を見てほしい。そして、そのいつまでも浸かっていたくなる湯を体で感じてほしい。忘れられない温泉になるからね。

岩本薫

昔は旅館だったが、現在は無人受付の温泉施設になっている。

富山県　湯谷温泉　庄川湯谷温泉
泉質　ナトリウム・カルシウム－塩化物泉
住所　富山県砺波市庄川町湯谷235
電話　0763-82-0646
料金　500円

雨飾に根を下ろす江戸の宿。

19位

長野県

小谷温泉 大湯元山田旅館

ここもまた数多い信玄の隠し湯のひとつ。場所的に、ライバル上杉謙信と戦うための前線基地。ここで傷を癒やし英気を養ったのであろうか。体によく効く名湯だ。

文化財指定のこの湯治宿は、雨飾《あまかざり》山《やま》を愛してやまないご主人と、優しく芯のある奥様が「暮らし」を営んでいるという安定感が魅力である。

常連が口を揃えて言うには、「日本一のお湯だよ、飯も旨い」。女性はもう一言「ご主人がイケメン」、と。

自然湧出の小谷の湯を守り、惜しげもなく提供する。高温の湯が天井近くから勢いよく落とされ、浴槽内でほどよい加減となる。寝湯スペースもうれしい。析出物が作り出す浴室の風情は垂涎ものだ。とにかくこの湯に浸かり、小谷の湯に呑まれていただきたい。

湯治とは、心身ともにほぐされることなのだと、教えられる。

小野田理恵

登録有形文化財指定の建物も見ものだ。

長野県　小谷温泉
大湯元山田旅館

泉質　ナトリウム炭酸水素塩泉
住所　長野県北安曇郡小谷村中土 18836
電話　0261-85-1221
料金　元湯 500円
　　　新湯外湯 700円
宿泊　12,960円～

ギュギュっとつまった
超高密度温泉。

和顔のビーナスの湯口が珍しい大浴場。コウモリ柄のタイルも洒落ている。
吉川英治が愛したハイカラモダンな浴室だ。

20位

長野県 角間《かくま》温泉 越後屋旅館

外湯「大湯」を囲んで、4、5軒の古い旅館がギュギュっと肩を寄せ合う。これだけでも感涙ものだ。なかでも風格のある明治期の建物が越後屋。3つの内湯があるが、やはりギュギュっと一列に並んでいる。まるで街道である（中泉道と命名。内湯だけに）。3つとも個性が強い。ヒノキ風呂であったり、湯船の底がベンチになっていたり、和風顔のビーナスからお湯が出ていたり。さらに、3軒の外湯もギュギュっと近くに集まっている（現在観光客は入浴不可）。これほどの要素を、これほどコンパクトに味わい尽くせる温泉は、そうない。お湯は熱いが浴後はすっきりの名湯である。

根橋誠

二階が迫り出したようなこの地域特有の建物。

長野県　角間温泉　越後屋旅館

泉質　ナトリウム-塩化物・硫酸温泉（低張性弱アルカリ性高温泉）
住所　長野県下高井郡山ノ内町佐野 2346-1
電話番号　0269-33-3188
料金　日帰り入浴は中断中
宿泊　5,500円～

驚異の濃厚湯がドバドバと掛け流されて。

「泉質」「鮮度」「湯づかい」。まさに三拍子揃った名湯。湯船と化したような析出物が湯の濃厚さを物語っている。

21位

長野県 加賀井温泉 一陽館

高速道路のインターチェンジを下りて松代方面に進むと、そこからは加賀井温泉一陽館の世界。気持ちの準備もできないほどのあっという間の到着だ。ここは地元の方々に愛される湯治の湯、日常の中にしっかりと根付いている生活の場の一部だ。元気よく挨拶したら、後はじっくりと時間をかけてこの場に溶け込んでいくだけ。次第に茶褐色に変化する濃厚な湯は訪れる人の心と体を癒やし、また社交場として語らいの場にもなっている。持っているタオルの色が、より茶色いのがここの常連の証。そんな方々にひと声かけて会話に入れば、もうあなたも常連の仲間入りだ。

中田潤

この湯屋が建てられたのは、なんと大正時代だ。

長野県　加賀井温泉　一陽館

泉質　ナトリウム・カルシウム－塩化物温泉
住所　長野県長野市松代町東条55
電話　0262-78-2016
料金　300円

木は森に隠せ。
温泉は畑のビニールハウスに隠せ。

まさか畑のビニールハウスの中に、こんな極上温泉空間があるなんてなぁ。湯もシュワシュワ。掛け流しはドバドバ。もうなにもいうことありません！

22位

秋田県　八《はち》九《く》郎《ろう》温泉

畑の奥にひっそりと佇むビニールハウス。何を隠そう……いや、むしろ非常に目立つのだが、知らない者は絶対に温泉と認識できない！　温泉成分でコテコテにコーティングされた浴室は感動的。湯船の大きさに比べて圧倒的な湯量がザブザブと流れ込み、溢れ出ていく。うーん……MOTTAINAI！

シュワシュワで、パチパチ弾ける新鮮そのものの炭酸泉。泉質の素晴らしさもさることながら、ビニールハウスという異空間での入浴は格別だ。こんな希少体験ができる温泉を開放して下さっている地元の方々に、敬意と感謝をもって訪れたいものです。

大浦高晴

地元の人たちの愛を感じてやまないビニールハウス。

秋田県　八九郎温泉

泉質　カルシウム・ナトリウム－塩化物・炭酸水素塩・硫酸塩泉
住所　秋田県の某所
電話　なし
料金　200円

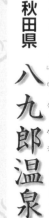

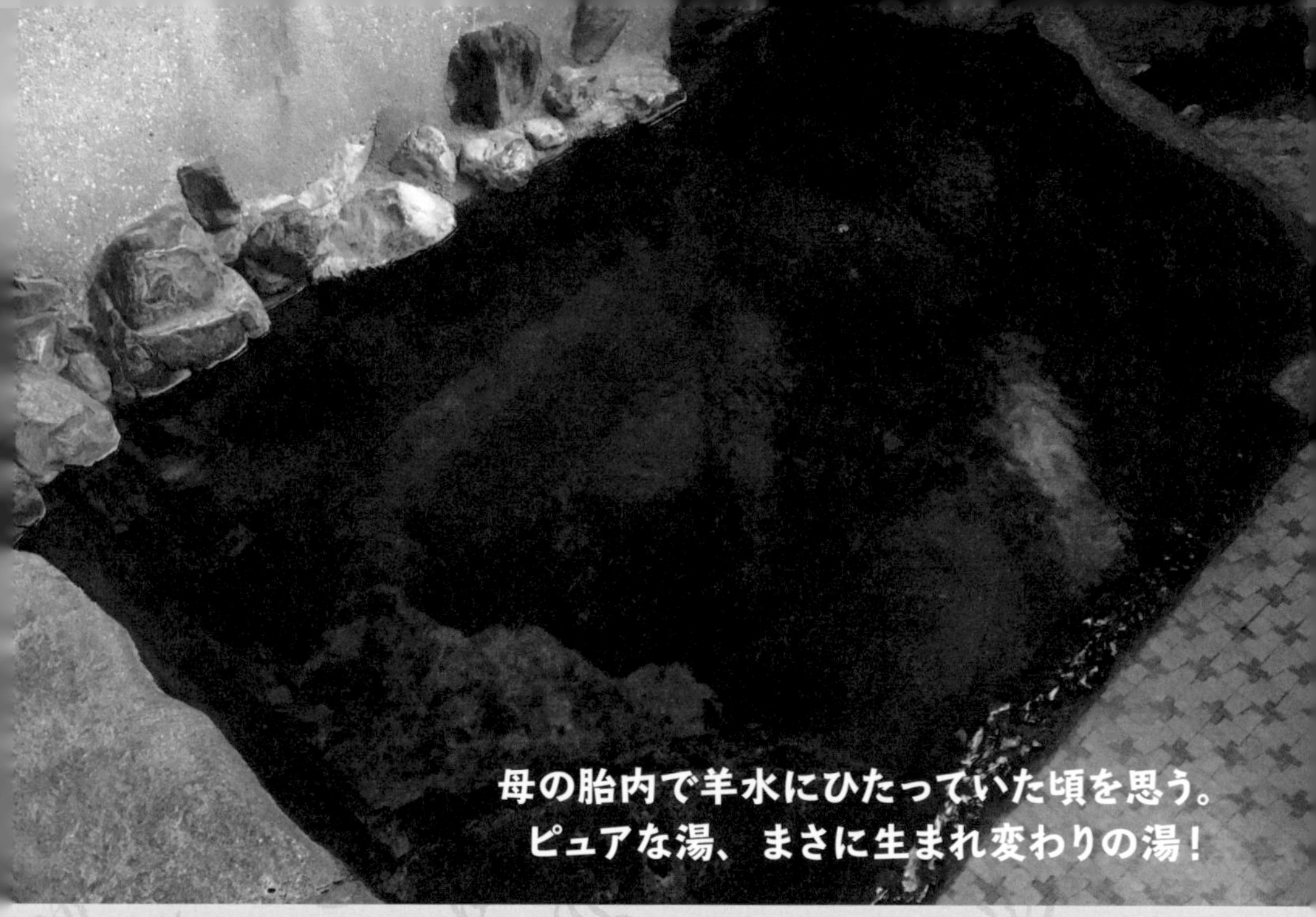
母の胎内で羊水にひたっていた頃を思う。
ピュアな湯、まさに生まれ変わりの湯！

地下のトンネルを抜けた先にある奇跡の足元湧出湯。そこに身を沈める感動といったら、もうたまらないのです！

23位

岡山県 奥津温泉 東和楼

一度も空気に触れていない、生まれたばかりの源泉が浴槽の底から湧きだしている「足元湧出湯」。ピュアな源泉に全身を包まれるという夢の体験を、私は初めて「東和楼」で味わいました。

高めの窓から光を受けて、ラムネ色に波打つ浴槽。透明度が高く、底にある岩の形がハッキリ見える。体をゆっくり沈めると……瞬間、お湯のやわらかさに全神経を奪われます。角がなく、やさしく、まるで羊水のよう。体内の水と源泉が溶け合うような錯覚は、魂が震えるような感動でした。

「足元湧出湯」は男湯のみですが、女性が利用OKの場合も。ぜひ女将さんにお伺いしてください。

加藤亜由子

創業昭和三年の風格を醸し出す建築も魅力。

岡山県　奥津温泉　東和楼

泉質　アルカリ性単純泉
住所　岡山県苫田郡鏡野町奥津53
電話　0868-52-0031
料金　800円
宿泊　10,500円～

硫黄泉トリプル浴
無限ループの快楽。

できれば暑〜い夏に、無限ループ入浴を体験してほしい。硫黄泉でこんなことができる湯は貴重なのである。

24位

長野県　奥蓼科温泉　渋御殿湯

ここは日帰り入浴ではなく、ぜひとも泊まりで温泉を楽しんでほしい。それというのも、ここの魅力は足元湧出の湯船がある東館の温泉で、泊まり客のみだったりするのだから。

さて、この東館には3つの浴槽がある。1つ目は26度の渋御殿湯源泉の冷泉掛け流しの浴槽。2つ目は渋長寿源泉の31度の足元湧出の浴槽。3つ目は渋御殿湯源泉を43度に加温した浴槽。いずれも硫黄泉。はい、ということは、つまりここでは26度、31度、43度の鮮度のいい硫黄泉をトリプル浴で楽しめるというわけだ。夏にこれを無限ループで繰り返すのが最高。なかなかないよ、こんな温泉。

岩本薫

標高1,880mにある渋御殿湯。運がよければカモシカくんにも出会えるよ！

長野県　奥蓼科温泉　渋御殿湯

泉質　単純酸性硫黄温泉
住所　長野県茅野市北山5520-3
電話　0266-67-2733
料金　1,000円
宿泊　9,720円〜

歩いてしか行けない山の
ひなびた温泉旅館。

遊歩道といっても、そこそこな山道を1時間半。そこでありつける極上湯。
そう、ここは登山の疲れと湯の癒やしがセットなのである。

25位

栃木県 奥鬼怒《おくきぬ》温泉 日光澤温泉

車の乗り入れができない秘湯の日光澤温泉へは、女《め》夫渕《おとぶち》駐車場から奥鬼怒遊歩道を2時間ほど歩かなければならない。

宿の温泉は全て掛け流しの湯で、内湯の男女、混浴の露天風呂が2箇所あり、2種類の異なる温泉に入ることができる。露天風呂の上の真四角な湯船は、透明な湯で山の景色を眺めながらゆっくりできて気持ちがよい。下の露天風呂はほんのり硫黄の匂いのする白濁した湯で、この湯が遊歩道を2時間歩いてきた体を、しっかりと癒やしてくれるのだ。渋い雰囲気の内湯もきりっとした熱さで気持ちがよい。宿泊は女性専用時間があるので、女性もゆっくり露天風呂を楽しむことができる。

阿部絵里

タイムスリップしたかのような木造建築。かわいい柴犬家族が迎えてくれる。

栃木県　奥鬼怒温泉　日光澤温泉

泉質　塩化物温泉・炭酸水素塩泉
住所　栃木県日光市川俣 874
電話　0288-96-0316
料金　500円
宿泊　8,500円～

塩原最古の湯は胃腸病に効く名湯で
昔は胃腸薬がつくられていた！

一見普通の湯口だけど、実は間欠泉だったりする！　温泉マニアが遠くからやってくる貴重な温泉なのだ。

26位

栃木県

塩原元湯温泉 ゑびすや

塩原元湯温泉は、メインの温泉街から少し離れた静かな山あいにあり、塩原温泉発祥の地といわれている。元湯にあるゑびすやは、塩原では珍しい自炊もできる湯治宿で、間欠泉も珍しい。そして塩原最古の湯と言われているのが、ゑびすやの梶原の湯である。

梶原の湯は、特に胃腸病に効く名湯で大正時代には、この湯をかまで煮詰めて「長命丸」という胃腸薬がつくられていたそうで驚いた。掛け流しの飲泉所もあるので、ぜひ試してみてほしい。朝食のゑびすや名物温泉粥も梶原の湯を使い、もっちりと炊き上げてあり、とっても美味しいので、ぜひ味わっていただきたい。

阿部絵里

ここが塩原温泉郷発祥の地と思うと感慨深い。

栃木県　塩原元湯温泉
ゑびすや
泉質　硫黄泉・炭酸水素塩泉
住所　栃木県那須塩原市湯本塩原 153
電話　0287-32-3221
料金　500円
宿泊　5,500円～

感じて欲しい、
日本一と名高い温泉情緒を。

ここは日本一有名なひなびた温泉といってもいいかもしれない。
法師乃湯はまさに日本の宝なのである。

27位

群馬県 法師温泉 長寿館

国道から細い山道に入ると、もうそこは法師の世界。進むにつれ膨らむ期待感、突如どん詰まりに現れる湯宿。途方も無く遠くに来たような、悠久の時間を旅してやっとたどり着いたような、そんな世界が眼前に広がる。そして玄関から一歩踏み込むと、軋む木造の旅籠は私の全てを受け入れ、湯船の玉石の隙間から静かに自噴する柔らかな湯は、私の全てを包み込むのだ。

私が一番好きな時間は皆が寝静まった深夜に入る法師乃湯。身を沈めると感じるのは無限の静寂のみ。時折底からぽこっと湧き出る湯の泡だけが、この世界に音があるということを教えてくれているかのようである。

中田潤

この滲み出てくるような情緒は感動ものだ！

群馬県　法師温泉　長寿館
泉質　カルシウム・ナトリウム－硫酸塩温泉／単純温泉
住所　群馬県利根郡みなかみ町永井 650
電話　0278-66-0005
料金　1,000 円
宿泊　17,200 円～

温泉界の『陰影礼賛』、まさに幽冥境。
美文家大町桂月が愛した温泉。

足元から源泉が大きな泡と共にぷっくりと。この音を聴きながらの入浴は格別なのだ。

28位

青森県　蔦《つた》温泉　蔦温泉旅館

蔦温泉は光を感じる湯。夏の日差しが深い緑のなかを突き抜ける。木漏れ日のなか、虻を避けつつ一軒宿に吸い込まれる。足元湧出の湯を湛えた湯船からの流れの音ゆえ、幽冥境のごとき静けさを際立たせる浴室。谷崎潤一郎はかつて「陰翳」を讃えたが、浴室に差し込む光が陰翳を際立たせる。甦る心地がするのは含土類・石膏食塩泉（旧泉質名の方が効きそう）の湯の実力。美文で知られた大町桂月がこよなく愛した蔦温泉。井上靖が「泉響颯颯」と愛でた湯の響き。名湯でありながらひなびる究極のいで湯で、桂月の辞世の句は「極楽へ 越ゆる峠の 一休み 蔦の出湯に身をば清めて」。

高橋文正

ザ・日本の古びた旅館！ノスタルジックな趣に期待が高まる！

青森県　蔦温泉　蔦温泉旅館

泉質　ナトリウム－硫酸塩・炭酸水素塩－塩化物泉
住所　青森県十和田市奥瀬字蔦野湯１
電話　0176-74-2311
料金　800円
宿泊　12,963円～

１日１組限定の宿の
極上足元湧出湯を堪能！

旅館部宿泊は１日２組限定。極上足元湧出湯を貸切で浸かれる贅沢を思う存分味わってもらいたい。

29位

福島県 横《よこ》向《むき》温泉 滝川屋旅館

歴史を感じる圧巻の佇まい。玄関に入ると出迎えてくれるのは、自然そのままの巨大岩と、しっぽを振りながらやって来る名犬ケンシロウ。そして笑顔のかわいいおかみさんだ。浴室は女湯と混浴内湯（入浴は貸し切り制）。ぬるめの湯に首まで浸かり、目を閉じる。聞こえてくるのは、お湯の注がれる音と、時折足元から沸き上がるボコッボコッという音だけ。大量の黄土色の湯の華が体じゅうを包み、まさに至福の境地。おかみさんの言った「ここに来てくれた人が嫌な事を忘れ、また来たいと思ってくれたら何より嬉しい」という、その言葉を思い出す。いい湯だ、いい宿だ～！

矢代優

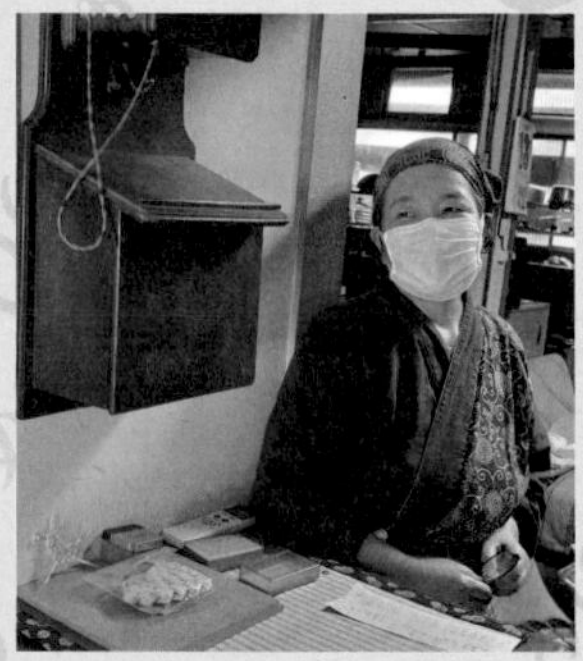

ご主人と女将さんのこだわりがこの評判の宿のクオリティを守っている！

福島県　横向温泉　滝川屋旅館
泉質　重炭酸土類泉
住所　福島県耶麻郡猪苗代町大字若宮字下ノ湯甲 2970
電話　0242-64-3211
料金　1,000 円
宿泊　18,650 円～

橋を渡った先に素晴らしい
“山の薬湯”があった。

有名な孫六温泉の「石の湯」。ちょっと熱めですが、お肌にとてもいいお湯。天気や温度によって、お湯の色が変わるのが不思議。

30位

秋田県

乳頭温泉郷 孫六温泉

さまざまな源泉を持つ7つの温泉がひしめく乳頭温泉郷はあまりにも有名。その中で最も湯治場または家庭的雰囲気があるのが孫六温泉だ。お風呂は全て母屋の外、内湯が3つ、露天風呂が3つ、計6つのお風呂がある。源泉は単純硫黄泉、ラジウム鉱泉など、ザバザバ流れ込んでいるお湯だけでなく、下からもプツプツと湧き出るものがあり、お風呂によって泉質も微妙に違うそうだ。うっすらと濁り、ほのかな硫黄臭。自然な感じのお風呂はどれも甲乙付け難く、はしご入浴必須だ。露天風呂のすぐ横を流れる川の音を聴き、星空を眺めながらお湯に浸かるのは至福の時だ。

大西希

孫六温泉

うわぁ、ひなびているなぁとうれしくなるような外観。

秋田県　乳頭温泉郷　孫六温泉

泉質　ラジウム鉱泉、単純硫黄泉
住所　秋田県仙北市田沢湖田沢先達沢国有林 3051
電話　0187-46-2224
料金　520円
宿泊　11,000円

タオルもたちまち染まる
茶褐色の魅惑の湯。

なんだかプライベート用露天風呂とでもいいたくなるような、こぢんまり感。
でも、それがいい。森との一体感を感じながらのんびりと。

31位

新潟県

関温泉 中村屋旅館

なだらかな山道を進んでいくと、やがて辺りに雰囲気の良い霧が立ち込めてくる。この辺りからが関温泉 中村屋旅館の世界だ。この霧のせいか、旅館の街並みが現れる頃には既にすっかり気持ちは下界から切り離される。

そんな私を、一層味わい深い素朴な風情で出迎えてくれるのが中村屋旅館だ。この一画だけ、タイムマシンで運ばれてきたような不思議な光景が広がり、玄関をくぐればもう私は時の旅人だ。極めつけは茶褐色の湯が注がれる離れの野天風呂。森の中の一番眺めの良い場所にぽつんとある湯船。見える景色は過去か未来か？ 湯悦にひたるとはまさにこのことである。

中田潤

関温泉の中でも、そこだけ時間が止まっているような中村屋旅館。

新潟県　関温泉　中村屋旅館
泉質　ナトリウム - 塩化物・炭酸水素塩泉
住所　新潟県妙高市 関温泉
電話　0255-82-2308
料金　500円
宿泊　12,600円～

お熱くて濃厚なのがお好き？
それならば迷わずここでしょう！

「ぬるい湯」でも熱い。「あつい湯」は罰ゲーム並みだ。でも、体に効く湯。「すごいなぁ、ここの湯力は！」と思わずにはいられない。

32位

島根県

温泉津《ゆのつ》温泉元湯　泉薬湯

温泉津温泉で、地元の方々が自慢げに熱湯に入る熱々の極上湯といえばここ、泉薬湯。掘削銀山に近いがゆえに素晴らしい源泉。まさに島根県が誇る名湯だと言いたい。こってりと湯船のふちが温泉の析出物でコーティングされている姿は、まるで析出物でできた湯船のようでもある。つまりそれだけ濃厚な温泉であるということだ。

もともと熱い上に塩分も濃厚で、浸かればたちまち体が温まる。濃厚ゆえに長湯はせずに休み休み入りましょう。最近、改装工事を行って温湯浴槽が新設されたから、熱い湯が苦手な小さなお子様もご安心。

今中宏明

朝早くからやっている。地元の人とふれあえる共同浴場だ。

島根県　温泉津温泉元湯　泉薬湯
泉質　ナトリウム・塩化物温泉
住所　島根県大田市温泉津町
　　　温泉津ロ 208-1
電話　0855-65-2052
料金　450円

加温も加水もしていない湯がドバドバ！！
滝のようにオーバーフローしている湯は
とにかく圧巻。

33位

和歌山県 夏山《なっさ》温泉 もみじや旅館

ここの湯は、なんといってもその鮮度だろう。芳しいゆでたまご臭を楽しみながら、ピュアな湯に心ゆくまで浸かろう。

夏山温泉で「なっさ」温泉と読むこの温泉を、ずっと間違って「なつやま」温泉といっていた。

源泉が5か所湧いている夏山温泉で日帰り入浴できるのはここだけだ。いかにも昭和の佇まいが私の心をくすぐって、すぐにでも入浴したい気持ちにかられる。湯船は男性が4人も入ればいっぱいな小さい浴槽がひとつ。周りにこの地域で有名な石、「那智黒」を張り巡らせて、そこから惜しげもなく湯がドバドバ投入され、滝のようにオーバーフローしている。硫黄の匂いがたまらない温泉だ。

田村敏彦

民家のような佇まいが、やさしく迎えてくれる。

和歌山県　夏山温泉　もみじや旅館

泉質　単純硫黄泉
住所　和歌山県東牟婁郡那智勝浦町
　　　大字湯川夏山 3830
電話　0735-52-0409
料金　300 円
宿泊　要確認

日本らしい美の粋を感じる
ひなびたお宿。

34位

和歌山県 湯の峰温泉 旅館あづまや

ここではまず浴室の風情に浸ろう！　珍しい槙造り湯船に身を沈め、熱い湯を肌で感じながら日本人であることを喜ぼう。

旅館あづまやは、皇室御用達の格式高い老舗旅館。宿に入るとその歴史ある造りに圧倒される。特に槙《まき》で造られた大浴場の風格は格別で、入浴中は時間が止まっているかのような空間。湯の峰は、源泉が90度を超える高温だが、さまし湯は源泉が少しずつ注がれ、自然に冷まされ、源泉１００％を実現されていて、効能も雰囲気も抜群だ。

またあづまやの魅力は温泉だけではない。随所に温泉を利用した料理も絶品。お部屋も部屋名にちなんだ木の柱が使われ、襖の引手にまで日本らしい美の粋を感じる。純和風を保ち続けるひなびたお宿、あづまやをぜひ楽しんでいただきたい。

城ヶ崎えいみ

風格のある木造建築が熊野古道によく似合う。

和歌山県　湯の峰温泉
旅館あづまや

泉質　含硫黄 - ナトリウム - 炭酸水素塩・塩化物泉
住所　和歌山県田辺市本宮町湯峯 122
電話　0735-42-0012
料金　730 円
宿泊　15,000 円～

開放感たっぷりのとろみの極上湯。夏は川との交互入浴も！

トロトロ浴感の極上湯に浸かりながら川との一体感を楽しむことができる。そのロケーションがたまらない。

35位

奈良県

上《かみ》湯《ゆ》温泉　河原の露天風呂

約10年ほど前、水害によって失われた元・神湯荘の露天風呂が、２０１７年に復旧された。遠方からの温泉仲間の大先輩から「いくよ～ついといで～」、とお呼びがかかって連れていってもらったのがはじまりで、以来、しょっちゅう来ている温泉である。国道１６８をそれ、険しい県道７３５号線を登ること15分位か、橋の手前に看板があり、それが目印、スイッチバック方式的に方向転換してローギヤで降りる事が望ましい。この施設は四季を通じ楽しめる。冬は源泉が高温のため外気で冷やされ、大量源泉投入トロトロヌルヌルと硫黄臭が香る素晴らしい湯になる。夏は仮設梯子から川に飛込み、川遊びが楽しめcool down、春は新緑、秋は紅葉。ＢＢＱ等もできますよ。

今中宏明

こちらは岩風呂風な女湯。

奈良県　上湯温泉
河原の露天風呂

泉質　含硫黄 - ナトリウム - 炭酸水素塩泉
住所　奈良県吉野郡十津川村出谷 350
電話　090-5009-9041
料金　500 円

ゆる〜い時間が流れる、
大阪の知る人ぞ知る秘湯。

心までふにゃふにゃになってしまいそうな極上湯。思わず長湯してしまうこと間違いなし。

36位

大阪府　山空海《さんくうかい》温泉

大阪の中心より車で1時間弱の距離にある、ひなびた源泉掛け流しの日帰り施設、山空海温泉。昔より周辺の信田《しのだ》の森には冷鉱泉が湧き出しており、それを知った鍼灸院のオーナーが、患者の治療目的で1991年に開設したのがはじまりだ。

地下77mよりポンプアップしている冷鉱泉を、ふたつに仕切られた浴槽で加温した熱めの湯、ぬるめの湯、それと小さなステンレスの浴槽で冷たい源泉が楽しめる。硫化水素臭がする湯は、しばらく体を沈めていると、気泡が纏わりついてくる。心地よい浴感に、うとうとしてしまうこともしばしば。関西、とくに大阪近郊では貴重な源泉掛け流しである。

伊東隆臣

屋根に温泉マークが描かれた、素朴でかわいい湯小屋。

大阪府　山空海温泉

泉質　正確な表記無し
（炭酸水素泉と表記有り）

住所　大阪府豊能郡能勢町
下田尻 801

電話　090-7887-0995

料金　700 円

帰る頃には頬っぺたぬめぬめ。
古くから農作業の傷を治してきた
美肌の湯。

空気に触れると無色透明から茶褐色に変色する湯。そんな源泉がドバドバーッと掛け流されているのだ！

37位

富山県 神代《こうじろ》温泉

心から湯を実感したいときに向かうのがココ。能越道を出て里山を進むと、約7分でかつて繁栄したという神代温泉に着く。現在営業されているのは一軒。女将の広井さんが『頑張って守り続けたい』という本物の温泉。

源泉は浴室から150m。昭和20年代の石油採掘の際に地下700mから噴出した強塩泉。動力なし自噴が女将自慢の源泉は、加温・加水・貯湯・消毒・循環も無い。噴出時には無色透明だが、空気に触れると茶褐色に変色する。口に含めば鉄味・塩分・油香（ヨウ素香）がある濃厚な湯。芯から温まると同時に気づけば、頬はツルツルぬめぬめになっている。

志甫浩之

かつて繁栄した神代温泉街に思いを馳せる。

富山県　神代温泉

泉質　ナトリウム塩化物強塩泉
（高張性・中世・高温泉）
住所　富山県氷見市神代3021
電話　0766-91-1210
料金　500円

鳥取が誇る？ 激熱の迷湯？ 名湯？
それに、なぜ通路が
あんなに狭いの？

見よ！　このボロビューティなタイルの浴槽を！　そしてここに只者ではない激アツ湯がはられているのだ。

38位

鳥取県
東郷温泉 寿湯

看板あれど、入り方がわかりづらい。隣の床屋さんに入浴料を払って、ありえないぐらいに狭い通路を通り抜けてやっと湯の入口に到着です。そして、たどり着いた湯は「激熱湯」。掛け湯を沢山。ようやく。ドボン！　ぐおー!!体の芯まで!!

一気にくるズンとした熱さに思わず唸ってしまいます！湯上りは、昭和レトロな脱衣所で。止まらない汗に団扇《うちわ》パタパタ。あらら。謎の爽快感が⁉ きっと皆クセになってしまう！まさに鳥取の迷湯。いや。名湯です。

鶴見千恵子

なぜここまで狭い?　寿湯名物のチョー狭い入り口よ！

鳥取県　東郷温泉　寿湯

泉質　含弱放射能 - ナトリウム - 塩化物・硫酸塩泉
住所　鳥取県東伯郡湯梨浜町大字旭 404
電話　0858-32-0039（理容シミズ）
料金　200 円

ひなびた温泉の魅力って？

かつてサントリーのウイスキーのテレビCMのコピーにこんなフレーズがあった。

時は流れない。それは積み重なる。

そのテレビCMでは往年のハリウッドスター、ショーン・コネリーが登場して、ちょっとした表情や仕草の変化のみで魅せる演技で、なんともダンディーなワンシーンを演じきっていた。彼の、顔のシワの寄せ方ひとつさえもおろそかにしない熟練の演技、そして歳を重ねるごとに深まっていった彼自身の魅力に、このフレーズがぴたりと重なっていて、それは昭和の広告黄金期の傑作テレビCMとして名を残したものでもあったのだった。

ボクは素晴らしいひなびた温泉を目の前にしたとき、必ずといっていいほどに、このフレーズを思い出す。なんてったって、このフレーズこそが、まさしくひなびた温泉の魅力のど真ん中をズギュンといい当てちゃっているのだから。そう、ひなびた温泉もまた、長い長い時間の中で、時が流れずに、積み重なることでできあがっていったものにほかならない。浴室全体に、床にも壁にも柱にも、湯船にも湯口にも、そこに注がれている湯の中にも積み重なった時間が染み込んでいるのである。決して人間の手ではつくれないもの。名状しがたい味わい。だからこそグッとくる。

そしてまた、マーケティングに毒されていないっていうのもひなびた温泉の魅力だろう。商売的にガツガツしていない。おおらかでのんびりしていて、そこにはセカセカした現代社会とは違う時間が流れているのだ。あっけらかんと小さな籠が無造作に置いてあって、そこに入浴料を入れて勝手に温泉に入るという、共同浴場の無人の受付だったり、玄関を開けて呼んでも誰も出てこないマイペースな宿だとか、源泉の湯口に木の棒が突っ込んであってそれで源泉の投入量を調節する超アナログな仕組みだとか……。あるいはそこにいる人たちも味があっておもしろい。延々と温泉の自慢話をしてくる名物キャラのご主人だとか、手づくりの漬物をふるまってくれるかわいいおばあちゃんとか、マイビールグラスを持って夕食のひとときに乱入してくるじっちゃんだとか、おおらかで天然でゴキゲンで。とたんにこっちもなんだか肩の力がぬけて、心から落ち着けてくるのである。ああ、なんだか、ゆるくていいよなぁ〜って。

激渋空間に うっとり
おおらかで いいわぁ〜
流れている 時間が違う

味わいじわり。

時間が染み込んだひなびた温泉ならではの情緒を、**じわり**と感じよう。

おおらか。

マーケティングに毒されていないおおらかさに、肩の力を抜いて**ぼぉ〜っ**としよう。

ひな時間。

せわしない現代の外に流れているようなひなびた温泉のゆるやかな時間に**ふにゃり**と身をゆだねよう。

ひなびた温泉は泉質にほとんどハズレなし！

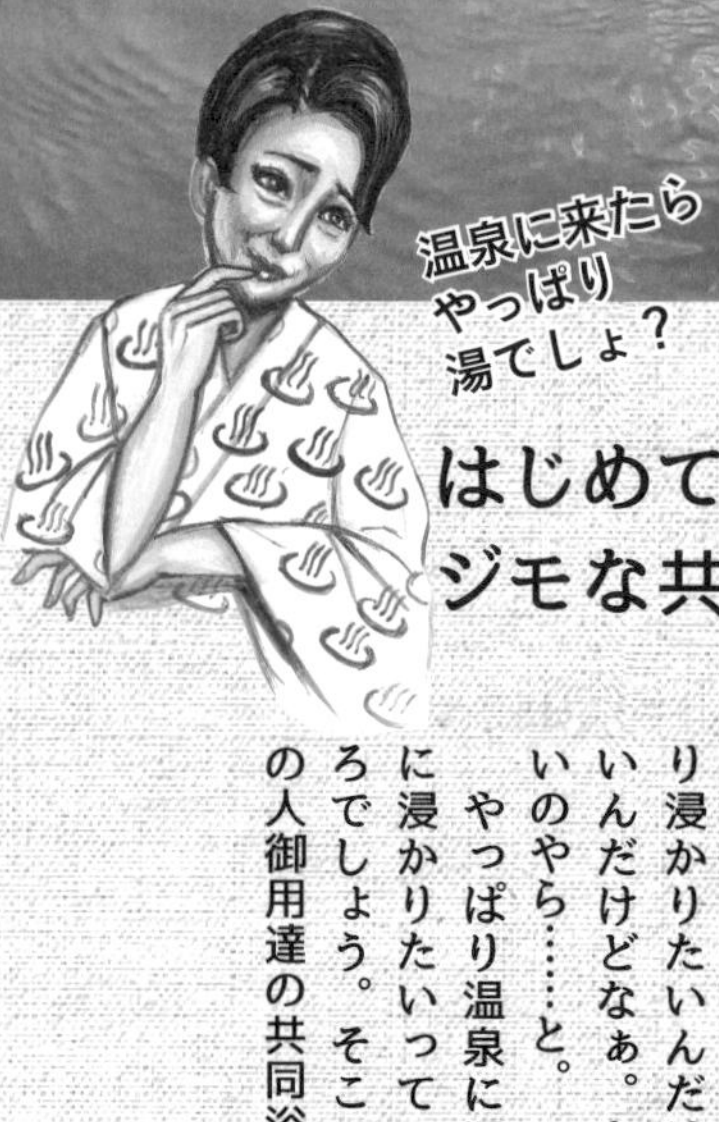
温泉に来たら
やっぱり
湯でしょ？

はじめての温泉街なら ジモな共同浴場をチェック！

思えば不思議なことなんだけど、旅行雑誌や観光パンフレットに載っている温泉の情報には泉質や湯使いのことが載ってなかったりすることが少なくないんですね。同じ温泉街であっても湯使いの違いや引いている源泉の違いで温泉の浴感だって違うわけですから、そこらへんを知りたいんだけど、雑誌やパンフレットには宿の食事の名物料理だとか、窓からの眺めだとか、おもてなしだとか、なんていうかそんなことばかりしか載っていない。ああ、いい湯にじっくり浸かりたいんだけどなぁ。湯巡りも楽しみたいんだけどなぁ。さて、さて、どこへ行けばいいのやら……と。

やっぱり温泉に浸かりに来たのなら、いい湯に浸かりたいっていうのが多くの人が思うところでしょう。そこでひとつアドバイスを。地元の人御用達の共同浴場を探そう。

ホントだよ!

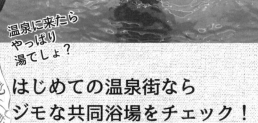

いい湯でしょ？ ず～っと愛されてきた証ですから！

初めての温泉街に来たならば、迷わずその温泉街の古い共同浴場に行くべし。観光客向けではなく、本書にも登場しているような（P80おたっしゃん湯とかP97加勢の湯とかP１０６はまゆとか）、地元の人たちに愛されている共同浴場。ほぼ断言しちゃうけれども、こういう共同浴場の湯にハズレはない。なぜそうなのかっていうと、ほら、食堂だって古くてボロいけど地元の人御用達の食堂のメシはうまいじゃないですか。あれとおんなじなんですね。

つまり湯がよくてずっと地元の人々に愛され続けてきたから、古くひなびていたって、今もそこにある。しかも昔は温泉を地下深くから掘削するなんていう技術がなかったですから、自噴していた温泉なんですね。掘削した温泉が悪いというわけではないけれど、今の温泉法だと「地中から湧出する摂氏25度以上の温水」であれば、成分が限りなく薄くても温泉と認められてしまう。そんなハズレ温泉が世の中にはいっぱいあったりするんですね。

だからひなびた温泉は昔ながらの温泉だし、なんといっても愛されてきたからこそいまもそこにあるわけで、ほぼ、ハズレがないというわけだ。しかも地元の人御用達の共同浴場ともなれば、いわば温泉のプロや通たちを満足させ続けた湯でもあるのだから。

地元の人との ふれあいも楽しい旅の思い出に。

さて、そんな地元の人御用達の共同浴場では、いい湯を堪能できるだけでなく、もうひとつ楽しみがある。地元の人たちとのふれあいである。

共同浴場といえば、だいたいがこぢんまりとしていて、湯船もそんなに大きくない。これもまた源泉投入量に対して無駄に広くないから、そのぶん新鮮な源泉が楽しめるのだけど、会話も自然に生まれるんですね。たいていの場合は温泉の話になる。その地の温泉のことを教えてもらい、さらにはおいしいお店の話に話題は広がってと。共同浴場だからこそのそんなひとときを、心ゆくまで楽しもうではないか。

見よ！感じよ！驚け！
ひなびた温泉のひなアートだ！

ひなびた温泉は
見どころが
いっぱいなんだよ〜！

ひなびた温泉は見どころ、感じどころもいっぱい。なんてったって長い時間が染み込んだかのような味わいや、大地の恵みを感じさせる湯の花や、析出物の驚くべき造形。その一部をとくとご覧あれ！

Gallery

一度はこの湯船に浸かりたい！ 析出物が千枚田のようになった湯抱温泉／中村旅館の湯船

緑青《ろくしょう》のブルーが混じってなんとも芸術的な蛇口に
四万温泉元禄の湯

目力抜群の不動明王が浴室に！
鉄輪温泉谷の湯

タンタンタヌキの○○玉は～♪ みたいな！／花山温泉の湯口

こっちは子ダヌキかな？／十三奉行温泉の湯口

蛇口がいつしかモフモフに！
でも実際はカチカチだよ！

生命力さえも感じさせる温泉成分の結晶／湯宿温泉湯本館

おいしそう？ まるで汲み上げ湯葉
のような湯の花／伊せや

白いお髭の牛？ それとも鹿教湯《かけゆ》温泉だから鹿なのかな？
鹿教湯温泉　ふぢや旅館の湯口

ひなびた温泉はケロリン桶率高し！
弁天温泉旅館

レトロタイルも鑑賞ポイントですよ！
でめ金食堂

39位

長崎県
小浜温泉　脇浜温泉浴場おたっしゃん湯

みんなが愛を込めて
「おたっしゃん湯」と呼ぶ、
その極上湯を心ゆくまで味わおう。

みんな、愛を込めて「おたっしゃん湯」と呼ぶ。創業者の奥さんの姉妹に「たつ」さんという女性がいたとのことで、そう呼ばれるようになったそうだ。

まず、木造のめっちゃひなびた外観にやられてしまう。そして中へと入ると、ド昭和な番台にやられてしまい、そして立て続けにロッカーの番号が漢数字の、しかも筆文字で書かれている激渋木造ロッカーにやられてしまう。

小浜温泉のはずれにある脇浜温泉浴場は、地元民に愛されてきた温泉。そういう温泉に、まずハズレはない。浴感がビシッと気持ちいい熱い湯。海が近いからだろう。塩分も濃厚で、あっというまに体の芯まで温まる。くぅ～！激渋空間の中の極上湯。なんにもいえねぇ～！

岩本薫

このひなびた外観！戸を開けて中へ入ると、これまたひなびた空間がある。

長崎県　小浜温泉
脇浜温泉浴場おたっしゃん湯

泉質　ナトリウム塩化物泉
住所　長崎県雲仙市小浜町南本町７
電話　0957-74-3402
料金　200円

一度ハマれば抜け出せない。
それがぬるーいお湯の魔力。

微温湯温泉。その名の通り、ぬる湯の極上湯。夏に浸かってごらんなさい。
もうあがれなくなりますから。

40位

福島県

微《ぬ》温《る》湯《ゆ》温泉　旅館二階堂

真昼でも薄暗い山道を車で約20分。その最奥地に、時が止まったかのような古い建屋が静かに佇む。およそ150年前の建築当時の姿を、今に残す貴重な湯治宿であり、国の登録有形文化財だ。浴室も渋いつくりだが、加温湯が張られたポリ風呂も共存する不思議空間。31・8度の源泉が湧出量198L／分という勢いそのままにドバドバ投入され、浴槽の縁全体からオーバーフローしている。この湯に身を沈めたが最後……心地よい卵臭とぬる湯に包まれ、二度と抜け出せないのだ。夏になると思い出す、至極のぬる湯。来年の夏もきっと浸かっているに違いない。

大浦高晴

山間の最奥地に静かに佇む、ひなび宿。

福島県　微温湯温泉　旅館二階堂
泉質　含アルミニウム泉
住所　福島県福島市桜本温湯 11
電話　024-591-3173
料金　500円
宿泊　4,585円～

おお！　ワンダフル！
いい湯の証し、
析出物の千枚田湯船を崇めよ！

析出物が千枚田のようになっている湯船。下手なところを歩くと痛い！　こんな湯船なので、湯のよさはいわずもがなである。

41位

島根県
湯《ゆ》抱《がかい》温泉　中村旅館

中村旅館は知る人ぞ知る温泉マニア憧れの湯がある。日帰り入浴は入浴のみでは受け付けてはいないが、昼食付きでならOKだ。しかもその食事がうまいと評判なのだから期待して間違いない。

温泉の湯は濃厚で、その証しというべき析出物が千枚田のように芸術的に湯船と床を覆っていて感動する。源泉が適度に加温されていて、女将が湯加減をうかがってくれるので、そこでお願いすると源泉を投入してくれるという珍しいシステムだ。まぁ、ともかく濃厚で素晴らしい極上湯なのだ。昼食付きの日帰り入浴で2850円。じゅうぶんお得と言うべきだ。

岩本薫

飾らない外観。ひなび湯はこういうところに名湯があるのだ。

島根県　湯抱温泉　中村旅館

泉質　ナトリウム - 塩化物・炭酸水素塩泉
住所　島根県邑智郡美郷町湯抱315-3
電話　0855-75-1250
料金　昼食付き 2,850 円のみ
宿泊　14,000 円～

宮沢賢治も入浴した
昔ながらの湯治宿の大露天風呂。

豊沢川の渓流沿いにある露天風呂「大沢の湯」。ここではやっぱり冬に雪見風呂を楽しみたいですなぁ。

42位

岩手県 大沢温泉 自炊部 湯治屋

約1200年前に発見されたと伝えられる大沢温泉。3つの建物があるけど、ここではいちばんひなびた湯治屋を選びたい。3施設に6か所の温泉・露天風呂で湯めぐりが楽しめる。

湯治屋には薬師の湯、かわべの湯、大沢の湯がある。大露天風呂の大沢の湯は、川にせりだしており、自然の解放感を満喫し、深緑と川のせせらぎに癒やされ湯を楽しむことができる。

昔ながらの湯治屋風情もあり、湯治で連泊し自炊をするのもよいし、風呂あがりに館内にあるお食事処「やはざ」で冷たいビールをいただくのも至福の時である。

門脇由光

グッとくるひなびた佇まいが魅力だ。

岩手県　大沢温泉　自炊部　湯治屋
泉質　アルカリ単純泉
住所　岩手県花巻市湯口字大沢181
電話　0198-25-2315
料金　600円
宿泊　3,910円～

この雄大なロケーションで
身も心も解放せよ。

標高 1,400m ならではの雄大なロケーションを目で楽しもう。夜は天気がよければ満天の星空だ！

43位

岩手県　藤七《とうしち》温泉　彩雲荘

温泉好きならずとも一度は訪れたいと憧れる岩手を代表する……いや、日本を代表すると言ってもいい温泉のひとつだ。ブクブクと泡を立てて足元から湧き出る最上級の泥湯。この入浴の心地よさは筆舌に尽くし難い。混浴温泉としても有名だが、同じ湯船の人に「いやー、最高ですね！」なんて声をかければ、このロケーションがそうさせるのか、老若男女分け隔てなく打ち解けることができるのだ。宿泊すれば入浴しながら満天の星を眺めたり、朝日を待つことだってできちゃう。そう、ここは特別で貴重な体験ができる奇跡の湯なのだ。

大浦高晴

山小屋のような彩雲荘の外観。

岩手県　藤七温泉　彩雲荘
泉質　単純硫黄泉
住所　岩手県八幡平市松尾寄木
　　　北の又
電話　090-1495-0950
料金　600 円
宿泊　12,030 円～

石垣を見上げながらアプローチ。
ってしまいそうなほど心地よい。

自然岩がむき出しになった湯船の底から、澄み切った美しいぬる湯が湧き出してくる、岡山の名湯だ。

44位

岡山県 郷緑《ごうろく》温泉 郷緑館

岡山といえば美作《みまさか》三湯が有名だが、近くに実力派の温泉は数多い。なかでも郷緑温泉は第一印象から強烈で、アプローチの際、石垣から城郭を連想してしまったほどだ。しかし、ここの湯がまた素晴らしいのである。

ぬるめの湯は湯船の下のほうから湧いている。浸かっていると眠くなりそうなほど。当時は知る人ぞ知る地元の名湯で、他人に教えたくないもんね、と思っていたら、「知らない人も知る」ほど記事で見るようになって、あれよあれよというまに、名物すっぽん共々有名になってしまった。なんだか悔しい。

髙橋文正

山間にポツンとある一軒宿。

岡山県　郷緑温泉　郷緑館
泉質　アルカリ性単純温泉
住所　岡山県真庭市本庄 712
電話　0867-62-2261
料金　500 円
宿泊　10,000 円～

近くに数ある有名旅館を差し置いて、
通好みのドバドバ系ひなび温泉がランクイン。

この迫力はただ事ではない。ぬるめ40度。たとえるなら「人間洗濯機」インパクトオーバーフロー。

45位

鹿児島県

妙見温泉 秀《しゅう》水《すい》湯《ゆ》

こんな所に温泉が!? と誰もが戸惑う「ザ・民家」の玄関先を抜け、湯小屋のドアを開けた瞬間飛び込んでくる、ドバドバ掛け流しの光景。凄い湯量! もったいない! お湯の量に浴槽が合ってない! などなど反応様々(笑)。見た目の衝撃も凄いが、ズビビビ……! とお湯を吸い込む排水溝の音がけたたましい。掛け捨てられる量がハンパナイのだ。

3人入れば窮屈に感じる浴槽を、独泉トド寝できる、ひとり濃厚硫黄泉とサルノコシカケの出汁のブレンド湯という唯一無二の温泉も、この宿ならではの楽しみだ。宿泊がよい。かくいう私も隠れ家として利用してますよ(笑)。

長谷部義文

この建物を見ただけでトド寝したくなる。

鹿児島県　妙見温泉　秀水湯

泉質　ナトリウム・カルシウム・マグネシウム－炭酸水素塩温泉
住所　鹿児島県霧島市隼人町嘉例川4389-1
電話　0995-77-2512
料金　200円
宿泊　2,500円～

美しく神秘的なエメラルドグリーンの名湯。
人はこれを国見グリーンと呼ぶ。

奇跡のようなエメラルドグリーンの美しい湯。こんな湯に浸かれるなんて。
もうなにも言うことありません。

46位

岩手県 国見温泉 石塚旅館

国道46号線を秋田方面へ向かい、仙岩峠手前より九十九《つづら》折の道を登って行く。少し心細くなった頃視界が開ける。静かに出迎える石塚旅館。創業200年、秋田駒ヶ岳の登山口のひとつになっており、時折遠くから熊除け鈴の音が聞こえてくる。

やさしい女将さんに迎えられ早速内湯へ。硫黄泉と炭酸水素塩泉2つの効能を持ち、成分が濃厚。なによりも湯色がバスクリンのような緑色が珍しく感動する。苦味があるが飲泉もできる。館内はまさしく秘湯の宿そのもの。11月初旬から5月初旬まで冬季は休業。半年しか味わえない国見グリーン。いつまでも変わらずにいてほしい。

石川洋光

標高800m。大きな空が感じられる。

岩手県　国見温泉　石塚旅館

泉質　含硫黄・ナトリウム・炭酸水素塩泉
住所　岩手県岩手郡雫石町大字橋場国見温泉
電話　019-692-3355
料金　600円
宿泊　10,000円〜

万座温泉リゾートの奥に
ひっそり残る
秘湯ムード満点のひなびた湯治宿。

日本一濃厚な硫黄泉にサルノコシカケのエキスが染み込んだ、ここだけにしかない極上湯だ。

47位

群馬県 万座温泉 湯の花旅館

日本一の硫黄濃度を誇る万座温泉は、日本一標高の高い温泉地でもある。

山小屋風の本館は昭和の建物だが、それ以上に古さを感じさせる。内風呂が入る小屋は、屋根が波打ち窓は閉まらない。ふと地震が来たらと一瞬不安がよぎるが、小さいことを気にしてはいけない。ここには豪華な設備や気の利いたサービスはないが、高級旅館には出せない味がある。人に媚びない優しさがある。気取らないから温かみがある。心安らぐ癒やしの場所。それが湯の花旅館だ。濃厚硫黄泉とサルノコシカケの出汁のブレンド湯という、唯一無二の温泉もこの宿ならではの楽しみだ。

広野隆司

歴史を感じる木造の館内は、どこか懐かしくて親しみを感じる。

群馬県　万座温泉　湯の花旅館

泉質　酸性 - マグネシウム・ナトリウム - 硫酸塩温泉
住所　群馬県吾妻郡嬬恋村干俣2401
電話　0279-97-3152
料金　700円
宿泊　8,500円～

一度入ったら忘れられない。
噂にたがわぬ強烈な油臭の怪湯だ。

あまりの強烈な油臭から、マニアはこの湯に浸かることを「ガソリンチャージ」という。

48位

新潟県

新津温泉

受付のおばさんに300円を払って奥へ向かった。患者らしきお客さんが見え、地元の人らが入浴していた。民家のような施設で湯船もタイル張りのレトロ的であった。そうです。噂通りで特有な匂いが漂っていた。やはり石油系の匂いだった。怪湯の西方の湯と同様で、コールタールのような匂い。おお、噂にたがわぬ強烈な油臭。以前に飲んでいたプロポリスのことを思い出した。あの匂いが似ているだろうか。さらに飲泉もできるので、注いでいた源泉の湯をなめてみるとしょっぱかった。まさに日本一油臭がする怪湯だ。そんな唯一無二の湯を、しばし地元の方たちと一緒に堪能した。

森田健児

工事現場にあるプレハブ小屋のような外観。

新潟県　新津温泉

泉質　ナトリウム - 塩化物・炭酸水素塩温泉

住所　新潟県新潟市秋葉区新津本町4-17-13

電話　0250-22-0842

料金　400円

この湯舟を見たら
なんの言葉がいるのだろう。
これぞ激渋共同浴場だ。

この浴室空間、まさにひなび萌え〜。

49位

島根県 三瓶《さんべ》温泉 亀の湯

三瓶温泉に2つある共同湯の1つ。訪れたのは夏。ぬる湯の三瓶温泉には夏が合う。非加熱源泉がそのまま味わえる亀の湯。100年以上使われている湯舟に静かに湯が注がれている。

湯巡りをしていると、「静」の湯と「動」の湯があることに気づく。何の衒いもなく、ただ湯舟に湯が注がれ、それが地元の方に愛され、使われ続けてきた。時間が積み重なった湯舟と浴舎には、何の言葉もいらない。

同浴の方に「失礼します」と一言挨拶し、あとは無言。同浴の方も眠そうな瞼をピクっと動かして挨拶。

それだけで良い。

中村卓見

地元の人とのふれあいが楽しい共同湯だ。

島根県　三瓶温泉　亀の湯

泉質　含鉄 - ナトリウム - 塩化物泉

住所　島根県大田市三瓶町志学口 357-5

電話　0854-83-2167

料金　200 円

静泉荘
TEL 42 0558
視線が気になるかもしれない。
でも目線は川の高さです。

丸見え露天風呂。通称「日本一恥ずかしい露天風呂」に浸かることがあなたにできるかな？

50位

熊本県

満願寺温泉 川湯

この湯のキーワードは「目線」である。「視線」でもあるか。「視線」が気になる人は多かろう。何せ対岸の道路は近く、わりと低い。時に地元の御婦人が湯船の横で野菜を洗う。入浴するには少し勇気がいるのだろう。杖立《つえたて》温泉の露天、下呂の噴泉池、三朝の河原の露天、屋久島の湯泊や平内海中、黒部の鐘釣などで野湯や露天に入ってきたが、どこも観光の雰囲気があった。長湯のガニ湯も然り。しかし、ここ満願寺だけは日常の「開放区」である。白然な感じなのだ。その理由は横を流れる川と入浴時の「目線」が同じ高さになることだ。まるで川に浸かっているようだ。

髙橋文正

湯に浸かってしまえば意外と人目も気にならなくなる。

熊本県　満願寺温泉　川湯

泉質　単純温泉
住所　熊本県阿蘇郡南小国町
　　　満願寺 2299
電話　なし
料金　300 円

興奮せずにはいられない、番外地の温泉パラダイス！

3つの異なる源泉が並ぶ内湯。その上、外にはまた別の源泉の露天があるっていうんだから、贅沢だぁ。

51位

北海道

幌加温泉 湯元鹿の谷

北海道。そして住所は番外地。それだけでなんだか興奮してきちゃうわけだけど、実際に行ってみるとさらに輪をかけて興奮させてくれるのが、ここ、幌加温泉の「元湯鹿の谷」なのである。樹海の中に現れる、おばあちゃんが切り盛りするひなびた一軒家。もちろん携帯も圏外だ。

混浴の浴室に入ると湯船が3つ。それぞれに「ナトリューム泉」「鉄鉱泉」「カルシューム泉」という表記が。そう、なんとここでは3つの異なる源泉の湯船が楽しめる。そして外には露天風呂もあって、これまた源泉が違う硫黄泉。そう、ここは源泉パラダイスなのだ。

岩本薫

ニュッと突き出た煙突がチャーミング。

北海道　幌加温泉　湯元鹿の谷

泉質　ナトリウム - 塩化物泉・鉄鉱泉・カルシウム - 硫酸塩泉・カルシウム泉・硫黄泉
住所　北海道河東郡上士幌町幌加番外地
電話　01564-4-2163
料金　500円
宿泊　3,000円〜

エメラルドグリーンの神秘的な湯。
しかもトロトロアワアワの極上の湯。
もう、言うことなし！

湯船のど真ん中のパイプみたいな湯口から、ジャバジャバと美しいグリーンの湯が掛け流される。見ているだけでも幸せになってくる。

52位

青森県 新屋《あらや》温泉

なんとエメラルドグリーンの美しい温泉である。エメラルドグリーンといえば、新潟県の月岡温泉、岩手県の国見温泉、長野県の熊の湯、群馬県の万座温泉に例えられるが、青森県にもあったのだ！ かなりのぬめり感がありました。おそらくは炭酸イオンが30㎎程度ではないかと？ しかも銀の泡がはっきりと確認されました。エメラルドグリーン、トロトロ、アワアワの3つがそろい、温泉マニアが喜ぶことは間違いないでしょう。しかもぬるめの温泉ですから。入ったときはぬるめだが、上がったら熱く感じ、汗だくでした。

森田健児

新 屋 温 泉

一見、銭湯なんだけど、日本でも珍しい名湯があるわけで。

青森県　新屋温泉
泉質　含硫黄 - ナトリウム - 硫酸塩・塩化物泉
住所　青森県平川市新屋平野 84-14
電話　0172-44-8767
料金　350円

食堂に温泉があっても
いいじゃないか。
しかもこんな極上湯なんだし。

愛おしくなるレトロで可愛い湯船に油臭のクセになる湯が、まさかの食堂の中に。
誰にも教えたくない秘湯なのだ。

53位

岩手県

巣《す》郷《ごう》温泉 でめ金食堂

食堂です。３６０度どこから見ても食堂です。カレー、ラーメン、はては馬肉の定食まで。馬刺しはお酒なしでは無理なので我慢し、馬肉定食をいただきました。でもやっぱり呑みたいな……。いやいや、ここに来た目的は、あくまでも温泉ですから。

会計窓口横のかわいいのれんをくぐると、生活感あふれる個人のお宅で、思わず「お邪魔します」と声が出ます。お風呂場のドアを開けると、ここの名物、不思議なデザインのタイル風呂に今度は思わず「これかっ！」と声が出ます。お湯は緑がかって油臭のする玄人好みの温泉。デメキンのタイル絵を眺めつつ、家風呂のようにくつろげます。

根橋誠

でめ金
営業中
営業中

食事もおいしい。イチオシのラーメンは、昭和な支那そば系。

岩手県　巣郷温泉
でめ金食堂

泉質　ナトリウム - 硫酸塩・塩化物泉
住所　岩手県和賀郡西和賀町巣郷 63 地割 159-14
電話　0197-82-2830
日帰り入浴は食事をした人へのサービス

住宅地のトンネルを
抜けた先にある温泉。
このわくわく感がたまらない。

諏訪は共同浴場の数が日本で二番目に多い。だから、こんなひょんなところにとろりとした硫黄泉の名湯があったりするのだ。

54位

長野県

上諏訪温泉 大和《やまと》温泉

知らないと間違いなく通り過ぎてしまう住宅地の一角、小さく大和温泉と書かれたトンネルのような通路がある。おそるおそる中に入ってみると中庭が広がり、縁台に料金箱が置かれている。なんだろう。浴室へたどり着くまでの風情がたまらない。

綺麗に清掃された浴室にはステンレスの浴槽がひとつ。浴槽の脇には蛇口があり、蛇口をひねると微卵臭、淡い黄緑色の源泉が投入される。よく温まる浴感の優れた温泉。何度も来たくなる秘密基地のような愛おしい温泉だ。

廣岡正敏

自分だけが知っている、住宅街に隠された秘密基地のような温泉。

長野県　上諏訪温泉　大和温泉

泉質　単純硫黄泉
住所　長野県諏訪市小和田 17- 5
電話　0266-52-3659
料金　300 円

オーナーが温泉マニア。
だから湯使いが素晴らしい。
感謝の気持ちと共に湯をいただこう。

55位

大分県

湯山温泉 奥みょうばん山荘

3つある浴室はすべて貸切。温泉は「独泉」がいちばんということをオーナーが、
よぉ～くわかっていらっしゃるのだ！

温泉好きが高じて、わざわざ移住してきたというご主人が経営する奥みょうばん山荘。そんなご主人が、よりよい温泉施設を目指して研究とＤＩＹに励んでおられるので、ここはなんだか行く度に進化している。

うれしいのは貸し切りで、１人１時間５５０円という設定だ。湯の花が豊富で、濃厚な濁り湯を独り占めしたいという温泉ファン心理を、理解してくださっている。硫黄成分を含んだ水蒸気で湯の花の豊富な温泉を作り、２日間かけて蒸した卵や自家製湯の花や蒸しプリンもあり、温泉ファンの心をわしづかみすることうけあいだ。

角田貴志

温泉マニアが経営しているだけあって
中は温泉パラダイス！

大分県　湯山温泉 奥みょうばん山荘

泉質　単純温泉
住所　大分県別府市湯山１組
電話　0977-67-2229
料金　500円
宿泊　4,192円

まったく由布院らしくない、
愛しのひなび湯。

九州ではポピュラーな、浴室脱衣場一体型のシンプルな浴室。そう、いい湯があればそれだけでいいのである。

56位

大分県 由布院温泉 加勢の湯

有名な観光地の湯布院は由布岳を代表し、山々に囲まれた盆地に広がる温泉地だ。「加勢の湯」はそんなオシャレな街並みから離れた、明治14年建築の激渋のかわいらしい木造小屋である。中を見渡すと、簡素で古いけど清潔に管理されていて、長年地域の方々に慕われてきたのがわかる。

お湯は澄みきって美しく、肌に優しい単純泉。時が止まった空間の中、ノスタルジックにひたり転地効果でココロも癒やされ、湯上がり後は身も心もサッパリだ。100円で誰でも入浴できちゃうなんて、本当にありがたい。

長い年月をかけないと味わえない味が、ここにはあるんだなぁ。

安部由紀子

あの湯布院にも、こんなひなびた共同浴場があるなんて！

大分県　由布院温泉
加勢の湯

泉質　弱アルカリ性単純温泉
住所　大分県由布市湯布院町川南
電話　なし
料金　100円

トロッコ電車に乗って
黒部の大秘境の秘湯へ、いざ。

秘境黒部渓谷の雄大な自然の中での、大きな露天風呂入浴は開放感半端ない！

57位

富山県 黒薙《くろなぎ》温泉 黒薙温泉旅館

トロッコ電車に乗って出発すると、そこからが黒薙温泉の世界。鋼鉄の車輪の金属音が冒険心を駆り立てる。そして途中の駅からは徒歩。むせるような緑の中を、どんどん分け入って行くと現れるのが黒薙温泉だ。ここは大自然のど真ん中の温泉。聞こえるのは鳥の鳴き声と川の轟音のみ。もう私以外に人間はいないのかと思うほどだ。そんなところにぽっかりと口を開けている温泉があるものだから、何も考えずにとにかく湯に入るしかない。私は魂だけとなり、その魂も無に近くなる。湯に全てを委ねる幸福感。宇宙を、地球を感じる瞬間がそこにはあった。

中田潤

黒部でいちばんひなびた、いい味出しているのが、ここだ。

富山県　黒薙温泉　黒薙温泉旅館

泉質　弱アルカリ性単純温泉
住所　富山県黒部市宇奈月町
　　　浦山黒薙
電話　0765-62-1802
料金　700円
宿泊　9,870円～

B級珍スポと思いきや、
まさかの極上湯。
そのギャップ感を楽しもう！

はじめて訪れた人は絶句すること請け合い！　ところがところが、只者ではない名湯なのである！

58位

愛知県　永和温泉　みそぎの湯

探偵ナイトスクープに登場するようなインパクトがある。まず出会い頭に驚くのが、マネキン人形ではないでしょうか？　宗教法人の信仰者専用の会員制温泉であるが、一般の方でも入湯ができる。オーナーに告げて案内され、賽銭箱に200円を入れて、拝んでから奥の温泉に。

浴室には、なにかの稚魚の養殖水槽か見紛うような3つのコンクリートの浴槽。それぞれ湯温が違う。完全掛け流しで若干のツルヌル感、モール泉臭がある。やわらかい浴感の極上湯。養殖水槽のような、見た目とのギャップがたまらない温泉なのである。

森田健児

このマネキンが、ここに来る人をマネいているとかいないとか。

愛知県　永和温泉　みそぎの湯

泉質　ナトリウム - 炭酸水素塩・塩化物泉
住所　愛知県愛西市大井町浦田面 686
電話　0567-31-0146（吉野屋）
料金　200 円

いかにも昭和なドライブインに温泉が！？
しかもうれしい源泉掛け流し！

こんな思いもよらないところに掛け流しの名湯があったりするんだから、まったく、福島はあなどれない。

59位

福島県

芦ノ牧ドライブ温泉

芦ノ牧おみやげセンターに併設する日帰り温泉。そう！　その名の通り、ドライブインに温泉があるんです。芦ノ牧と言えば、大型ホテルが立ち並び、入浴料も1，000円超えが当たり前。しかしここドライブ温泉は、たったの４００円。しかも源泉掛け流し。露天風呂だってあるんです！　内湯はタイル張りのシンプルな浴槽。あつい湯とぬるい湯に別れていて、ぬるい湯はあつい湯からオーバーフローした湯でつくられています。サラっとしたスベスベ感が、ドライブついでには丁度いいでしょう！　そしてもうひとつの楽しみは、おかみさんとのおしゃべり。心もあったかい気持ちになりますよ～！

矢代優

昭和好きなら120%楽しめるスポットだ！

福島県　芦ノ牧ドライブ温泉
泉質　硫酸塩泉
住所　福島県会津若松市大戸町大字小谷湯ノ平89
電話　0242-92-3032
料金　400円

その路地に足を踏み入れたら、
そこはもう〝現世の外〟なのです。

創業は明治19年！ そのレトロ感あふれる風情とスベスベの湯を堪能しよう！

60位

長野県
下諏訪温泉 菅野温泉

色褪せた暖簾の脇から、時代に取り残されたような、仄暗い路地がチラリと覗いている。ぼんやり光る「菅野温泉」の電灯が誘っているのだ。篆書体の看板、年季の入った木製の番台、脱衣所の棚、体重計、按摩器……いつから時の流れが止まっているのだろう。浴室の真ん中に、中央の湯口から滔々と湯が注ぐ、楕円の浴槽がひとつ。近くの激熱源泉「旦《たん》過《が》の湯」を、ここでは加水し適温にしてくれている。異国の湖畔だろうか（いや諏訪湖か?）、ファンタジックなタイル絵と、掛け流しの湯をのんびり眺めつつ、束の間のタイムトラベルを楽しむとしよう。

野城聡志

菅野温泉

この入り口の路地感がたまらない。

長野県　下諏訪温泉　菅野温泉
泉質　ナトリウム・カルシウム
　　　-硫酸塩・塩化物温泉
住所　長野県諏訪郡下諏訪町大
　　　社通 3239-1
電話　0266-27-1076
料金　230円

80年前にトリップできる竜宮城。
アンティークなレトロタイル空間。

レトロタイルフェチさんは大興奮すること間違いなし。なんてったってタイル画まであるんだから。塩化物泉に浸かりながらじっくり鑑賞しよう。

61位

静岡県

熱海温泉 竜宮閣

近年、ポップでおしゃれな温泉街に進化した熱海温泉。そんな温泉街にも、時代に取り残された宿がポツンと佇む。それが「竜宮閣」だ。建物は、昭和12年の創業当時のまま。浴室のレトロなタイルは、80年以上の時間が積もり、新品には出せない色気を醸し出している。浦島太郎のタイル画や、成分の析出した湯口、ヨーロピアンなお姉さんのオブジェなどが浴室を彩り、その空間はアンティークのようだ。

お湯は、よく温まる塩化物泉。すぐそこは賑やかな温泉街だが、異様に静かな浴室は、昭和の世界にタイムスリップしたような感覚になれる。まさに「竜宮城」だ。

小松歩

このごちゃごちゃ感がまた、なんとも熱海っぽいのである。

静岡県　熱海温泉　竜宮閣

泉質　カルシウム・ナトリウム - 塩化物温泉
住所　静岡県熱海市田原本町1-14
電話　0557-81-3355
料金　1,000円
宿泊　5,650円～

温泉天国「群馬」の隠れた名湯
山間の静かな雰囲気の中
上質な湯に癒やされる。

混浴の大浴場。丸い湯船に湯宿温泉ならではの熱い湯が掛け流されている。湯本館は共同源泉の配給元だから湯も鮮度抜群だ。

62位

群馬県

湯《ゆ》宿《じゅく》温泉 湯本館

開湯約1200年の歴史を持ち、真田信之（真田幸村の兄）が、関ヶ原の合戦後に疲れを癒やすために訪れたと伝わる湯宿温泉。絶えまなく湧く湯は、小さな温泉地の歴史をつないできた。現在は、5件の旅館と4か所の共同浴場からなり、旅館の中で最も古い歴史を持つのが湯本館である。

湯宿温泉で唯一、自家源泉を所有する湯本館は、貸切風呂を含め、3つの内風呂がある。湯は無色で熱めであるが、循環濾過や塩素消毒もない源泉掛け流しの湯の肌触りは心地よい。石畳の敷かれた温泉街には、娯楽施設はないが、静かにまったり過ごしたい方には是非ともおすすめしたい。

酒井栄一

宿泊客は4か所の共同湯にも入れるので、セットで湯巡りも楽しみたい。

群馬県　湯宿温泉　湯本館
泉質　ナトリウム・カルシウム
　　　- 硫酸塩温泉
住所　群馬県利根郡みなかみ町
　　　湯宿温泉甲 2381
電話　0278-64-0011
料金　600円
宿泊　8,640円～

吊り橋の向こうの
おばあちゃんが切り盛りする
ひなび湯。

ちょっと焦げたような硫黄臭が芳しい、とろとろ湯。無色透明ながら美しい湯。

63位

福島県

西山温泉 下の湯

吊り橋の向こうにポツンと見えるこじんまりとした建物。橋を渡り、料金を払って浴室に向かうのだが、毎回感じるこののんびり感はなんなんだろ〜。まるでここだけ、ゆっくり時間が流れているかのよう。飾り気のないシンプルな湯船。湯船には白い湯の華がユラユラと舞い、溶き卵のように見える。口にしてみるとダシのきいた薄塩味。ネギでも入れたら卵スープとして飲めそうだ（笑）。

激アツの湯と格闘しながら窓を開けると、爽やかな風が体をクールダウンしてくれる。どこか懐かしい風景。川の音と湯の落ちる音が妙に心地よい。まさに五感を刺激する名湯だ。

矢代優

おばあちゃんちみたいな外観。本当におばあちゃんが切り盛りしている。

福島県　西山温泉　下の湯

泉質　塩化物泉
住所　福島県河沼郡柳津町五畳敷下ノ湯 44
電話　0241-43-2021
料金　400 円

毎日浸かりたい地元の湯。
湯上がりに青森「りんごジュース」一杯。

これが青森のモール泉だ！　ヌルヌルアワアワの極上モール泉にきっとあなたは驚くに違いない！

64位

青森県　新岡温泉

口コミサイトに「ふだん着の温泉さながら」と書き込んだ人がいる。感じ方で先を越されたと思ったものの、「同感の人がいる！」と嬉しくもなった。実際にＮＨＫ『ふだん着の温泉』で「りんご畑のかっちゃの湯〜青森・新岡温泉」として２００１年11月22日に放送、書籍『続・ふだん着の温泉』（ＫＴＣ中央出版）にも収録。吉幾三のテーマ曲とフォークシンガー三上寛が旅をするという津軽コンビによる番組は、しみじみとして最高。早朝から営業する日帰り湯、昼下がりの時間に訪れた私は、溢れるヌルアワのモール泉に浸かって身体中の蝶番が外れて身軽になった。

髙橋文正

こういうところにスゴい温泉があるのが青森なんですね。

青森県　新岡温泉

泉質　ナトリウム - 塩化物・炭酸水素塩泉
住所　青森県弘前市大字新岡字萩流 161-12
電話　0172-82-4521
料金　200 円

65位

和歌山県 南紀勝浦温泉 天然温泉公衆浴場はまゆ

地元の漁師さんたちが愛する
日常の湯はこんなにも効く湯なんだなぁ。

南紀勝浦っていうとホテル浦島が有名だけど、その影に隠れてこんな名湯がある。いや、こっちのほうが断然いいんだから。

那智勝浦で唯一の公衆浴場といえば、ここ、公衆浴場はまゆ。漁港の奥まったところにある、いかにも地元の人のための浴場だ。

ここの湯はちょっと不思議な湯だったりする。開店直後は透明でキンキンカクカクな強力な浴感の湯なのに、時間が過ぎていくとともに、なんともまろやかなグリーンの湯に変化していく。熱い湯であるが、小生は閉店間際が好みである。湯口はビス痕が残り、何らかの湯口があったような。番台には品のいい美人女将か湯守を営んでおられる。

浜で漁師や水産に携る方々が、疲れを流して帰宅する素敵な公衆浴場。穴場の名湯ですよ。

今中宏明

いかにもジモ銭湯。中には極上の鮮度抜群な硫黄泉が待っているのです。

和歌山県　南紀勝浦温泉
天然温泉公衆浴場はまゆ

泉質　含硫黄 - ナトリウム・カルシュム - 塩化物温泉
住所　和歌山県東牟婁郡那智勝浦町大字勝浦970
電話　0735-52-1201
料金　320円

ひなび感！　ドバドバあわあわの湯！
これぞひなびた温泉の快楽だ！
立入禁止

ボコボコドバドバ。建物に入ると聞こえてくる、その音を聞いただけで期待感が上がる！
そして浴室に入ると見るからに素晴らしい湯が！

66位

青森県　森田温泉

ＪＲ五能線陸奥森田駅から徒歩４分。12時の時報と共に開店です。以前は民宿旅館だったが、今は日帰りのみの営業。入口のドアを開けると、おばあちゃんが「は～い」と出てきて３００円を手渡す。そしてすぐ手前の男湯のドアを開けると、３人ぐらいで一杯の脱衣所。さらにドアを開けると、そこはまさに温泉パラダイス！　ボコボコ、ドバドバ。鉄が錆びたような匂いとオーバーフロー。カランは３つで、蛇口からはこれでもかってぐらいに源泉が溢れ出て来る。湯温は41度。口に含んでみると強い出汁味？　鉄の味？　泡付きがよくて体中があわあわに。もう最高！

小野英樹

森田温泉

ひなび感マックス！　旅館だった頃に泊まってみたかった！

青森県　森田温泉

泉質　ナトリウム－塩化物・炭酸水素塩泉
住所　青森県つがる市森田町森田字月見野110-2
電話　0173-26-2211
料金　300円

熱くてビリビリ。
体を慣らさないと入れない
驚きの強酸性温泉。

草津なんかには負けないぞ！　pH1.7の激アツビリビリ強酸性の湯に驚こう！

67位

北海道

川湯温泉　川湯公衆浴場

道の駅摩周温泉で車中泊し、和琴温泉露天風呂に浸かり、津別峠で朝の大雲海に感動した後、開店時間の8時に川湯公衆浴場へやってきた。

60年の歳月を経た公衆浴場は、建屋も脱衣場もひなびたいい感じだ。浴室は熱々の源泉と真水を沸かした（真水で薄めた？）湯の2つの浴槽があり、きさくで親切な受付のおばちゃんから、ぬるい方で体を慣らしたあとに源泉に浸かり、交互入湯することを教わった。しかし源泉はpH1・7の強酸性湯で、30秒浸かると慣れるよと言われたが、熱くてビリビリする強酸性湯に30秒以上浸かることはできなかった。いやはや、すごい温泉があるもんだ！

三井利洋

もはや看板の文字が読めない、この佇まいにまずグッと惹かれるのだ！

北海道　川湯温泉
川湯公衆浴場

泉質　酸性・含硫黄・鉄Ⅱ - ナトリウム - 硫酸塩・塩化物泉
住所　北海道川上郡弟子屈町川湯温泉 3-1-7
電話　015-483-2137
料金　250円

塩化物泉、硫酸塩泉など、なんと 7 つもの源泉が楽しめる！ ここはじっくりと「現代の湯治」をしに来たい温泉ワールドだ。

68位

岩手県 夏油《げとう》温泉 元湯夏油

狭く曲がりくねった山道を走った先にある宿。湯舟は7つ。多くは混浴露天。映画のロケセットのような、昔ながらの湯治場然とした建物の間を通り抜けて、川沿いへの階段を下りたところにある。軽く硫黄臭のする湯には癒やされる。ただ、湯が熱い。特に大湯。これには困った。あつ湯で長風呂もできない。退避して岩風呂の湯縁に座ると、女性同浴客に股間を丸見せ状態になるし、かといって入り続ける訳にもいかない。あつ湯の文句がくるようだが、「加水などは一切行いません」とキッパリ拒否掲示。客に迎合せず、生まれたままの湯を守る姿勢は美しい。

中村卓見

湯治棟が立ち並ぶ夏油温泉。これだけでもうワクワクしてくるよ！

岩手県　夏油温泉　元湯夏油

泉質　ナトリウム・カルシウム塩化物泉 / ナトリウム・カルシウム塩化物・硫酸塩泉 / カルシウム・ナトリウム硫酸塩・塩化物泉
住所　岩手県北上市和賀町岩崎新田 1-22
電話　090-5834-5151
料金　600円
宿泊　2,000円～

ありがとう！ レジェンドひな泉！

栃木県 老松《おいまつ》温泉 喜楽旅館

2019年廃業

最近「ボロいい宿」という言葉がすっかり定着して、ひとつのジャンルになった感があるけれども、ひなびた温泉の「ボロいい宿」はちょっと別格。レッドーゾーンを完全に振り切ったレベルだと言いたい。

さて、ここでは、そんなボロさで愛され続け、惜しまれつつも廃業、あるいはリニューアルで姿を変える「レジェンドひな泉」を紹介したい。

ありがとう。最高のサプライズ入浴体験をありがとう！　ありがとう！

中もこの通りのボロボロ。
壁紙も天井も剥がれたまんま！

ここ、この状態で営業しているの？　ま、まじっすか〜〜〜〜〜！！！　と、思わず声をあげてしまうのが「老松温泉　喜楽旅館」なのだった。だって、どう見ても廃墟なのに。

なぜこれほどまでボロボロなのかというと、温泉の強い硫黄泉質と北風の影響で、ボロボロになったのだという。で、それをなぜ放ったらかしておくのかというと、修繕するお金がないからなのだとのこと。

そしてここの湯。素晴らしい極上湯。しかも「老松温泉　喜楽旅館」がある那須湯本温泉では珍しい弱アルカリ性だったりした。

ありがとう！「老松温泉　喜楽旅館」。あなたこそボロいい系ひなび湯のナンバーワン。伝説のレジェンドです。

破れているけれどちゃんと暖簾がある。

こぢんまりとした浴室。手入れはちゃんとされていた。

千葉県　正木温泉　2019年廃業

手づくり感このうえないカオスな空間がたまらなかった正木温泉。おじいちゃん自慢の鉱泉。浴感つるつるのよく温まる湯でした。ありがとう正木温泉！

福島県　二岐《ふたまた》温泉　湯小屋旅館　改装工事中（2021年3月現在）

伝説の漫画家つげ義春さんの作品『二岐渓谷』のモデルになった温泉。漫画に登場した玄関は「今回の改装でも玄関だけは残すことにしました」とのこと。どんな姿に生まれ変わるのか期待が高まる！

次世代から必要とされていないものは
消えゆくのみ―田島社長は語る。

リウマチ・神経痛・関節炎に良く効くと名高い神経痛泉。よく効く湯と美味しい料理が自慢。湯治を楽しむのにうってつけの宿だ。

69位

鹿児島県

妙見温泉 田島本館

まさに進化論である。「天空の森」や「忘れの里 雅叙苑」を営む田島社長は常に探求を怠らない。私は、約130年前に開業された田島本館は次世代に引き継ぐべき湯宿という意を強くしている。

近年の台風で被害を受けた半露天風呂は修復されており、胃腸湯ときず湯とうたせ湯を無限に楽しむことができる。別棟には名高い人気の神経痛湯がある。ここは常に多くの湯治客で賑わっている。

泊りもよい。早朝や深夜に神経痛湯を「独泉」できるし、うまい食事もある。とりわけ、田島農園地鶏の造りは絶品。また、榎並支配人や田島社長と語り合う至高のひと時も趣である。

志甫浩之

直営の養鶏場で育った地鶏造り。これがまた絶品なのだ。

鹿児島県　妙見温泉　田島本館

泉質　純重炭酸土類泉（緊張性・低張・高温泉）など
住所　鹿児島県霧島市牧園町宿窪田4236
電話　0995-77-2205
料金　300円（神経痛湯）
　　　300円（胃腸湯きず湯）
宿泊　4,400円～

ハンパ無いタイムスリップ感。
ひなびた温泉の非日常な魅力にハマった
私の原点！

黄金色の湯の華が舞う福島らしい湯。白濁した硫黄泉だけが温泉じゃないってことを教えてくれる玄人好みの湯だ。

70位

福島県　横《よこ》向《むき》温泉 中の湯旅館

誰にでも温泉にハマるきっかけとなった場所があるはず。言ってみれば、自分が温泉バカになった原点のような場所。私の原点は間違いなくここ『中の湯』。今でも初訪問のときをはっきり覚えています。目の前に広がるノスタルジックな風景。タイムスリップ感がハンパない郷愁。玄関には竹製のカゴが置かれ、なんと入浴料は、粋な投げ銭スタイル。浴室は薄暗く照明が絞られ、聞こえてくるのは、一定のリズムで注がれるお湯の音だけ。湯船には黄金色の湯の華が大量に舞い、極上の湯が日常のゴタゴタも忘れさせてくれる。私が最もお世話になってる温泉だ。

矢代優

ここだけ時間が止まっているような、これぞひなび宿。

福島県　横向温泉 中の湯旅館

泉質　単純温泉
住所　福島県耶麻郡猪苗代町若宮中ノ湯甲 2975
電話　0242-64-3341
料金　300 円
宿泊　3,860 円〜

タイガースとお湯と
どちらの方が大切？……と
聞きたくなって。

3つの源泉を心ゆくまで楽しもう。ふたつに仕切られた「炭酸泉」と「鉄鉱泉」のお風呂はここの名物ですよ～。

71位

宮城県

東鳴子温泉　いさぜん旅館

ＪＲ鳴子御殿湯駅すぐそばにある静かな宿。ここでは、3種類のお湯を楽しむことができる。同じ空間を半分に区切った形の岩のある内湯混浴で、「炭酸泉」と「鉄鉱泉」に入れる。もうひとつの「重曹泉」は、ここのもうひとつの特徴あるタイガース風呂。さらにこの風呂に向かう途中の廊下には、たくさんのタイガースに関連したグッズが置いてある。薄暗いなかにあるので、ちょっと怖くさえ感じる。さらにタイガース風呂の脱衣所や浴室にもタイガースグッズがいくつも置かれている。全部でいくつあったか……次に行ったら数えてみようかな。

藤牧朗

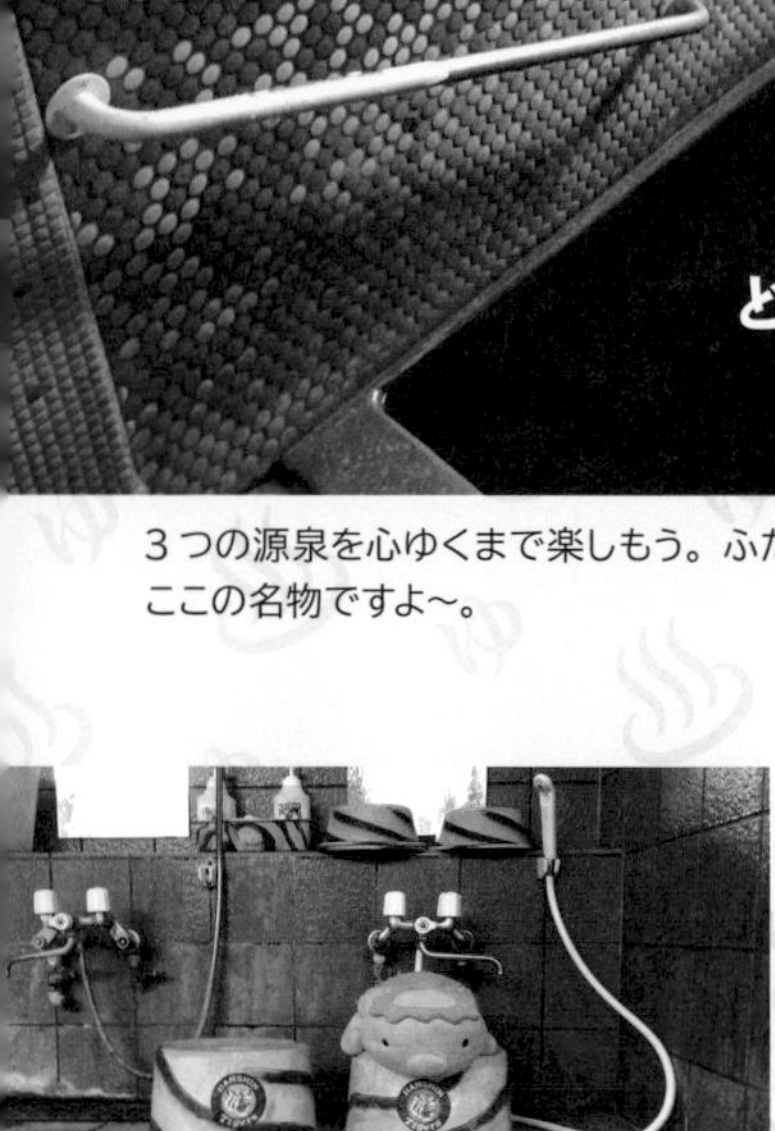

館内にはタイガースグッズがいたるところにあるのだ！

宮城県　東鳴子温泉
いさぜん旅館

泉質　ナトリウム - 炭酸水素塩泉 / ナトリウム - 炭酸水素塩泉 / ナトリウム - 炭酸水素塩・塩化物・硫酸塩泉
住所　宮城県大崎市鳴子温泉赤湯11
電話　0229-83-3448
料金　500円
宿泊　5,500円～

草津の仕上げ湯？ それだけじゃない！
この雰囲気、この湯。
時間を忘れて味わおう。

浴室の扉を開けたときの感動は得難いものがある。四万温泉のアイコンでもあるハイカラモダンな大浴場。

72位

群馬県

四《し》万《ま》温泉 積善館本館

赤い欄干の橋を渡り玄関に向かうと、あのアニメの主人公はここを渡ったに違いない！ と思わせる積善館本館。江戸の湯治を彷彿とさせる佇まいは、貴重な文化遺産だ。そもそも湯治とは何か、病に侵され、最後の望みをかけて湯を求めて旅した古人の気持ちが、宿っているような気さえしてくる。

昭和5年建造の「元禄の湯」は、脱衣所と浴室が一体化したハイカラモダンな空間。5つの浴槽が整然と並ぶ。湯はとにかく優しく体にまとわりつく。時間を忘れて、湯と雰囲気に酔うべし。

小野田理恵

『千と千尋の神隠し』のモデルのひとつになった赤い欄干。

群馬県　四万温泉　積善館本館

泉質　ナトリウム・カルシウム塩化物硫酸塩温泉
住所　群馬県吾妻郡中之条町四万甲4236
電話　0279-64-2101
料金　1,200円
宿泊　6,480円～

帰って来たと思える
デジャブな湯宿。

姥乃湯では源義経ゆかりの湯もある４種類の源泉を昔ながらの湯治スタイルで楽しめる。忘れられない思い出になるよ。

73位

宮城県 鳴子温泉 旅館姥《うば》乃湯

初めて来たとき、なぜか「帰ってきた」感があった。ギシギシいう廊下とは障子で仕切られているだけの湯治棟。時には隣のイビキがＢＧＭになったり（笑）。

ここは自家源泉が４本もある。硫黄たっぷり白濁の「こけし湯」、若干赤く色着いている「亀若の湯」。クセがなく柔らかいお湯の「義経の湯」。混浴露天も源泉は別なのよ。すごい。

滞在には湯治棟をオススメしたい。４つあるお湯をあっちに浸かりこっちに浸かり、部屋に戻ってひと眠り。これの繰り返し。う～たまらん～。

令和の時代には貴重な温泉宿なのだ。

櫻井久美

昔ながらの湯治スタイルが体験できる「自炊部」がおすすめ。

宮城県　鳴子温泉　旅館姥乃湯

泉質　含硫黄－ナトリウム－炭酸水素塩－塩化物泉/単純泉/ナトリウム－硫酸塩・炭酸水素塩泉/ナトリウム・炭酸水素塩・硫酸塩泉

住所　宮城県大崎市鳴子温泉河原湯６５

電話　0229-83-2314

料金　550円

宿泊　10,500円～

白濁の酸性硫黄泉と
泥パックのセットが
おすすめ！

硫黄だ、硫黄だ、硫黄祭りだ！ 塩原最強の濃度の硫黄泉で湯力を体全身で受け止めよう。

74位

栃木県

奥塩原新湯温泉 湯荘白樺

温泉のデパートとも呼ばれる塩原温泉。その中で唯一、硫黄泉が楽しめる奥塩原新湯。４軒ある宿の中でも昔の湯治場の雰囲気を醸し出すのが「湯荘白樺」だ。昭和の隠し湯ともいわれ、一日浸かれば一年長生きするとか。

爆裂火口跡のある裏山から湧出する単純酸性硫黄泉は、最初透明だが後に白濁し、源泉口から男湯はわずか１・５ｍで新鮮そのもの。他にひょうたん型の混浴露天風呂もあるが、もうひとつの楽しみが「湯泥パック」。バケツの湯泥を体に塗り、３分間経ってから洗い流すと見事にツルスベ肌に。湯を存分に楽しんで、仕上げに湯泥パックを。湯荘白樺の正しい楽しみかたである。

三和忠章

内湯は熱めだが露天は適温。それぞれ入り比べてみよう。

栃木県　奥塩原新湯温泉 湯荘白樺
泉質　単純酸性硫黄泉
住所　栃木県那須塩原市湯本塩原 14
電話　0287-32-2565
料金　500 円
宿泊　7,000 円～

こんな温泉もあるんだと
湯巡りの奥深さを
わからせてくれる温泉。

冷鉱泉を薪で沸かしている加温湯だが、その浴感はすばらしい。どことなくチープで愛らしいステンレス製の露天風呂も浸かっていて楽しいよ。

75位

岡山県

鏡野温泉

泉温18・2度。規定泉にも該当しない冷鉱泉である。しかし侮ることなかれ。その浴感の充実度はただならぬ。源泉は軽く硫化水素臭を放ち、少し熱めに加温され、勢いよく注がれる湯は、肌スベを与え、気付くと泡が肌にまとわりついている。ウム～、何なんだこの湯は？

ここ鏡野温泉は、田園に囲まれた内海プレス工業所さんの敷地内に沸く泉。薪（廃材）で加温。この木の燃える香りが冬は暖炉然として癒やされる。循環・塩素投入との表示はあるが、私が行くときは塩素臭は感じられず。無理やり感のある半露天もなんだか好き。

中村卓見

ゆ

田園の真ん中にポツンとあるとってもユニークな温泉だ！

岡山県　鏡野温泉

泉質　冷鉱泉
住所　岡山県苫田郡鏡野町市場90-1
電話　0868-54-1649
料金　600円

たまらない極上湯。
ぷくぷくっと足元自噴の快楽。

毎分 247L もの湯が底から湧き出る足元湧出湯。ヤバいね、この湯。その昔、お殿様が鍵をかけてこの湯を独り占めしたそうだ。気持ちはわかる！

76位

岡山県

奥津温泉　奥津荘

ひなびてるけど、ひなびてない。上質な宿。ロケーション的には、ひなびてるけど。有形文化財の外観からして、高級感あり。

入口を入ってすぐに棟方志功の屏風絵&ジャズが流れる和モダン空間が広がる。こちらの湯は、西日本屈指の足元自噴の源泉そのままにつかれる貴重な宿。まるで川の中にいるかのような美しい湯底に配された石たちの間から、ぷくっ、ぷくっと生まれたばかりの、フレッシュな湯が立ちのぼる感動。是非、体感あれ。

鶴見千恵子

奥津荘

さすがは有形文化財の風格。ニッポンの正しき温泉旅館だ。

岡山県　奥津温泉　奥津荘

泉質　アルカリ性単純泉
住所　岡山県苫田郡鏡野町奥津 48
電話　0868-52-0021
料金　1,000 円
宿泊　21,000 円～

知床の森にひっそり佇む隠れ屋、
手作りの無人共同浴場、
お湯は一級品！

大きな大地の小さな癒やし場。それが斜里の越川温泉だ。地元の人だけではなく、北の大地に魅せられたライダーが全国からやってくる。

77位

北海道 斜里の越川温泉

国道から100mほど砂利道を進むと、ほったて小屋風の湯屋が現れる。この時点でテンションMAX！ 勝手口のようなドアが玄関。そこから入ると、混沌と素朴が入り混じった待合室が現れる。居心地がよすぎる。これまで2回訪問したが、2回とも年配の方がソファーで熟睡されていた。

温泉は男女別浴でそれぞれ大量源泉掛け流しの湯船が1つ。源泉が高温のため沢水も投入されている。飲泉可。シャワーもカランもない最もシンプルな湯室で、湯船からの湯を汲んで体と頭を洗う。わずかに濁った透明の湯に浸かり、体も心も癒やされる。

森泰成

越川温泉
手づくりの共同浴場。大切に湯をいただこう。

北海道　斜里の越川温泉

泉質　ナトリウム・カルシウム－塩化物・硫酸塩泉
住所　斜里郡斜里町富士150（国道244号線沿い）
電話　なし
料金　200円

奥津渓谷に静かに佇む
極上の貸切湯。

もともとはお寺の宿坊だったという般若寺温泉。露天で川との一体感を感じながら、しばし無我の境地へと至ろう。

78位

岡山県

奥津温泉 般若寺温泉

ここでは、番犬「ヒメ」と「テツ」、そして温厚なご主人が笑顔で迎えてくれる。

自然の岩場を活かし、上品さを兼ね備えた渋いコンクリート造りの内湯。雄大な奥津渓谷の景色を望む、解放感抜群の露天風呂。これらを1時間貸切利用できるのだから何とも贅沢な話である。透き通った滑らかな湯に静かにじっくり浸かる幸せ……残念ながら至福の時はあっという間に過ぎていくものだ。優秀な番犬がワンワンと吠えて次の来客を知らせてくれる。ご主人によると、昨今、貸切温泉の需要が高まり来客が増えているため、営業時間を延長して柔軟に対応しているとのこと。

大浦高晴

かつては藁葺き屋根だった母屋も今ではトタンの屋根に。

岡山県　奥津温泉　般若寺温泉

泉質　アルカリ性単純温泉
住所　岡山県苫田郡鏡野町奥津川西 20-1
電話　0868-52-0602
料金　一人 1,000 円／貸切 1 時間（要予約）
宿泊　23,000 円～
（離れのみ　要確認）

コンクリートの古びた洞窟っぽいところを入っていくと、素朴極まる温泉が。
こういう温泉にハマって、ひなびた温泉好きになるのである。

79位

三重県 有《あり》久《く》寺《じ》温泉

車を走らせるとずいぶんと道が細くなり、山の中に入ると今度はガタガタのダート道になり不安がよぎるが、その分期待も大きい。道中は車のすれ違いも難しいが、有久寺の本堂の手前が少し広くなっていてそこで方向転換ができる。

奥からご主人がお出迎えしてくれて、奥の温泉に案内してくれた。ススキが生い茂るような道を進んでいくと怪しげなコンクリートの建物があり、少し暗く手前が男湯、奥が女湯の造りとなっている。

それぞれ内湯がひとつの秘湯感満載の温泉だが、これからも続けてほしい温泉のひとつである。

田村敏彦

このひなび感！　本当にやっているの？　と不安になるぐらいだ。

三重県　有久寺温泉

泉質　単純硫黄泉
住所　三重県北牟婁郡紀北町島原 1181
電話　0597-47-2661
料金　700 円

中国地方の里山に囲まれたのんびり湯。
温まりすぎて冷めにくい。

岡山藩主の池田継政が、湯治場として開いたのが小森温泉。それから一旦閉鎖されたが、昭和に復活。歴史あるひなび湯なのである。

80位

岡山県 小森温泉

国道429号を北上、山間を快走する。左側方面が切り立った緩やかな左カーブの先、右側に小森温泉の建物と白い看板が目に入る。里山然とした光景に「日本の正しい景観」だと勝手に満足。

小川に沿う建物は年季が入っている。廊下の先の川に面した浴室は、壁に覆われ下部に小さめの窓が複数、浴槽は石。全体に暗い中に外光が入る。浴槽は湧出量に見合う掛け流しに手ごろな大きさ。源泉加温の単純泉に浸かると体中が火照る。窓辺で涼をとっても冷めない。こじんまり囲われて入浴していると、隠れ家に籠っている気分。だから「コモリ温泉」というわけでもないか。

髙橋文正

風格のある建物と備前焼の狸が出迎えてくれる。

岡山県　小森温泉

泉質　アルカリ性単純温泉
住所　岡山県加賀郡吉備中央町小森 245
電話　0867-34-0015
料金　610 円
宿泊　9,700 円～

極上の白濁湯にやさしく抱かれる。

神経痛や関節痛、アトピーなどの皮膚病によく効く東多賀の湯。お隣の西多賀旅館の湯とセットで入り比べてみよう。

81位

宮城県

鳴子温泉　東多賀の湯

「これはひなびた温泉といえるのだろうか?」築浅のこぎれいな民宿といった風情。玄関には老犬が大儀そうに寝ているものの、ひなび感の不足は否めない。ただ、それだけに、風呂場の引き戸を開けたときの感動は鮮烈である。

掛け流された硫黄泉が木造りの浴室にあふれ、湯船にも床にも硫黄がこびりつく。カランから流れ落ちる湯を、なぜかピラミッド型に積まれた桶が受け止め、ジョボジョボと音を立てる。特筆すべきはその泉質。この、やさしくふんわりと抱かれるような感覚は唯一無二。あまりの気持ちよさに鳥肌が立つ。ここを知らずして泉質を語ることなかれ。

根橋誠

東多賀の湯

長逗留のお客さんが多いことが、その湯の効能を物語っている。

宮城県　鳴子温泉　東多賀の湯

泉質　含硫黄 - ナトリウム・カルシウム - 硫酸塩・炭酸水素温泉

住所　宮城県大崎市鳴子温泉新屋敷 160

電話　0229-83-3133

料金　500 円

宿泊　4,500 円～

冷たい元湯源泉と熱湯を無限ループ！ ここは交互浴の聖地と言いたい。

ここの湯で交互浴に目覚めたという温泉マニアは多い。30度の源泉からだんだんとぬくもりを感じるようになってくるよ。

82位

福島県 磐梯熱海温泉 湯元元湯

激渋の細い路地に佇むこれまた激渋の建物。このレトロ感がたまらない。古くから『くさっぽの湯』と呼ばれ大切にされてきた場所。

広い浴室には、大きな湯船と小さな湯船2つがあり、大きな湯船には勢いよく湯が注がれ、惜しげもなく溢れている。ここの特徴はなんといっても、大きな湯船の冷たい元湯源泉。最初はこの冷たさに驚くけれど、ゆっくり少しずつ身を沈めていくと、体がじんわりポカポカしてくるのがわかる。小さな湯船の熱湯との交互浴がおすすめ。地元の方々から愛される名湯だ。

矢代優

ボロい路地に入っていくワクワク感がたまらない。

福島県　磐梯熱海温泉 湯元元湯

泉質　単純温泉

住所　福島県郡山市熱海町熱海4-22

電話　024-984-2690

料金　200 ～ 500円（時間帯により料金が異なります）

一度は廃業して復活した老舗旅館。
往時の面影を残す浴槽で
じんわりとタイムスリップを。

一時は廃業したが、2015年にめでたく復活した鳩ヶ湯温泉。福井では貴重なひなび湯。心して湯に浸かろう。

83位

福井県 鳩ヶ湯温泉

明治時代からの歴史ある鳩ケ湯温泉は、数年前に山荘風の素敵な建物に建て替えられたが、浴室棟だけは昔のままの姿をとどめている。タイル貼りの床と壁、3、4人サイズのこぢんまりとしたタイルの浴槽に浸かると、まさに昭和にタイムスリップしたような気分が味わえる。

湧出量がそれほど多くない鉱泉を加温して使っているが、源泉そのままを味わえる湯口があるのもうれしい。かすかな塩味と甘みのある冷たく美味しい源泉です。

鳩ケ湯温泉を見つけたのはアオバトだと伝えられていて、運がよければ、宿の対岸の源泉地にアオバトが来ているのを見ることができるのだ。

角田貴志

木造3階建ての館内は意外とモダン。登山とセットで楽しむのもいい。

福井県　鳩ヶ湯温泉

泉質　ナトリウム塩化物炭酸水素塩泉
住所　福井県大野市上打波6-2
電話　0779-65-6808
料金　600円
宿泊　13,800円〜

茶畑にポツンと硫黄泉。
おでんも味わって
「静岡らしさ」を存分に。

手前が源泉浴槽で、湯は緑色。白い湯の華が広がっていて、かなりの本格派。のんびりと長湯をたのしもう。

84位

静岡県

平山温泉 龍泉荘

静岡の名湯は伊豆だけじゃない。静岡市の茶畑が広がるエリアに、一軒だけの硫黄泉の名湯がある。１９５８年開業という、時が止まったような建物の浴室に入ると、硫黄の香りがあふれるステキな空間。３つに仕切られた個性的なタイルの浴槽は源泉が出る高温浴槽と、中温、低温浴槽と分けられている。石鹸・シャンプーの禁止が男湯には５枚も掲示されていて、湯へのこだわりを感じずにはいられない。順繰りに湯温の違う湯を楽しみながら、鮮度のいい湯に浸かって飲泉していると、自分も茶畑に溶け込んでしまうような感覚に。湯上がりにはおでんを食べることもできて、「静岡らしさ」を存分に味わえます。

新志有裕

休憩場もあるので、湯上がりはここでビールをぐいっと。

静岡県　平山温泉　龍泉荘

泉質　単純硫黄泉（加温）
住所　静岡県静岡市葵区平山136-2
電話　054-266-2461
料金　500円（1時間）、1,000円（1日）

白濁硫黄泉、単純炭酸鉄泉、無色透明の単純泉。階段を降りていきながら、3つの源泉の入り比べが楽しめる。

85位

福島県 土湯温泉 不動湯温泉

筆者がここを訪れるのは2回目だ。7年前のお正月休みに宿泊させていただいた。普段は職業ドライバーなので、運転には自信があったが、土湯温泉街から不動湯温泉までの道のりを大雪で進むことができず、宿のジープで送迎してもらった思い出がある。

その年、火事で全焼し休業していたが、4年前に日帰り温泉として奇跡の復活を遂げたのだ。長い階段を降りると檜の湯（内湯）と谷間の露天風呂があり、大自然を貸し切りで湯を満喫する至福の時を過ごせる。どちらの湯も混浴であるが、男女が一緒にならないように受付時に配慮してある。湯上がりに麦茶をご馳走になり、女将さんとお話しするのも醍醐味のひとつであろう。

門脇由光

ここから「長命階段」という長い階段を降りていくのだ。

福島県　土湯温泉
不動湯温泉

泉質　単純泉 / 硫黄泉
住所　福島県福島市土湯温泉字大笹 25
電話　024-595-2002
料金　700円

まろやかな湯感にだまされてはいけない。
鉄っぽい香りこそ、力強い泉質の証。

シンプルなコンクリート造りの湯船に、こんな名湯が！　さすがは鉄輪。写真は女湯。
男湯には目力抜群の不動明王が睨みをきかせているのだ。

86位

大分県

鉄輪《かんなわ》温泉 谷の湯

いくつもの共同湯を抱える鉄輪温泉の中でも、「谷の湯」は路地裏に佇み、最もひなびた雰囲気がある。脱衣所と湯船が一緒になった懐かしいつくり。

烈しい熱さを覚悟していたため、最初は心地よい熱さと肌あたりのまろやかさに少し驚く。しかしじつはボディブローのように、温泉成分が体に効いている！ だから油断して長湯をすると意識がクラリ、おっと危ない。ほのかに漂う鉄っぽい香りに気付き、周りを見渡すと、湯船も蛇口も底もすべて茶褐色。塩化物泉の力強さを実感させられる、まさに名湯。

おとなしい顔をしてかなりできる子。入浴の際はご注意を。

加藤亜由子

谷の湯

まるで古い下宿屋みたいな外観。ちくしょー！　たまらなくグッとくるぞ！

大分県　鉄輪温泉　谷の湯

泉質　ナトリウム - 塩化物泉
住所　大分県別府市北中１組８
電話　なし
料金　150円

ろうそくの炎が揺れる
つり橋を渡って〝向こう岸〟へ。

混浴の露天風呂では松川渓谷の崖が目の前に迫ってくる。ワイルドな景観と湯をたっぷりと味わおう。

87位

岩手県 松川温泉 松楓荘

川沿いのひなびた山小屋のような佇まいにグッとくる、松川温泉で最も古い松楓荘。松楓荘名物の温泉卵で一息ついたら、館内の湯巡りへ出かけよう。巨岩の迫る内風呂や、渓流を望む混浴露天風呂もいいけれど、名物の洞窟岩風呂は夜に足を運びたい。せせらぎだけが聞こえる闇の中、ポツ、ポツと灯るろうそくの炎が揺れるつり橋を渡り、川の向こう岸へ。現世から離れていくようで、ここは三途の川かしら、などといささか恐怖を感じるほど。けれどその先の、荒々しい岩肌が剥き出しの洞窟の中で青白い湯に身を沈めたら、きっと「あぁ～極楽」と声が漏れるに違いない。

野城聡志

古びた木造民家みたいな佇まいに胸がキュン！

岩手県　松川温泉　松楓荘
泉質　酸性単純硫黄泉
住所　岩手県八幡平市松尾寄木第１地割 41
電話　0195-78-2245
料金　500 円
宿泊　8,790 円～

こんな温泉が
家の近くにあったらなぁ。
そんな素敵で強烈な
個性を放つ
温泉なんです。

浴室に足を踏み入れたとたん、ん？　なんだ？　あのパイプは！　と思わずにはいられない。
青森の日常の名湯に出逢える温泉だ。

88位

青森県　姉戸川温泉

静かな雰囲気の地元密着型温泉。脱衣場に入るとガラス越しに見える渋い浴室に、もう釘付けだ。中央の浴槽をやたら沢山の洗い場が取り囲んでいる。中でも目を引くのは武骨な金属パイプから勢いよく噴出している、ジェット打たせ湯だ。

いやいや、ちょいと勢いがよすぎやしませんかね？　浴室は轟音が響き渡っていて、会話もままならない程。浴槽下からも大量に湯が投入されており、ザブザブとオーバーフローしている。ぬるめだが、しっかり温まる絶妙な湯加減。上質な卵臭。毎日通いたいと心底思う。一度訪れたら絶対に忘れられない、そんな温泉。

大浦高晴

ほぼ駅前といっていいほどの駅近温泉。それでいて空いている超穴場温泉なのだ。

青森県　姉戸川温泉
泉質　アルカリ性単純温泉
住所　青森県上北郡東北町
　　　大浦中久根下 98
電話　0176-56-3529
料金　200円

湯船の隅に「せごどん」がいた。

89位

鹿児島県

川内《せんだい》高城《たき》温泉　町営共同浴場

下野した西郷隆盛がよく来ていたという。肌にビシッとくる気持ちのいい熱湯。
いかにも西郷が好みそうだ。

まず、「かわうちたかしろおんせん」ではなく「せんだいたきおんせん」と読めるようにしてほしい。読めない人も多かっただろうが、大河ドラマ『せごどん』の影響もあり、西郷隆盛の愛した温泉としての知名度が上がった。

昭和で時の流れがストップしたような町並みに湧く湯。かつて店舗の脇から裏へ入って行ったはずの共同湯だが、その店舗は今は営業していない。泉質はアルカリ性単純硫黄泉で美人の湯。九州特有の、脱衣所と入浴空間が一体で段差と仕切りで区切られた造り。中央の浴槽の湯は熱い。西郷さんはこの共同湯の浴槽の隅っこに好んで入ったという。

髙橋文正

街そのものがまるで映画のセットみたいな川内高城温泉。散歩も楽しめる。

鹿児島県　川内高城温泉
町営共同浴場

泉質　アルカリ性単純硫黄温泉
住所　鹿児島県薩摩川内市湯田町 6763
電話　なし
料金　200 円

タイルフェチ派ならば
間違いなく胸キュンするよ！
ここは市比野温泉のチョー穴場だ！

レトロで可愛いタイルの正方形の湯船。そこに美しい無色透明の湯が蛇口からジョボジョボと掛け流されている様はなんとも感動的だよ！

90位

鹿児島県 市《いち》比《ひ》野《の》温泉 丸山温泉

湯治場として300年以上の歴史をもつ市比野温泉は、今では寂れた静かな温泉街だ。そんな中、今から60年ぐらい前に田んぼの脇でいきなり自噴していた温泉が、この丸山温泉なのだそうで、ひなびた温泉でありながら、この温泉街では比較的新しい温泉でもあるのだ。素朴な手書きの看板に「元湯」と書かれていて、ホントか？　と思わずにいられないが、れっきとした元湯なのである。

ここの魅力は、こぢんまりとしたレトロなタイルの湯船と、いい湯、そして、おいしい飲泉である。ちょっと熱めの湯は、pH9・6でツルスベの浴感がめっちゃ気持ちいい。いやはや、すばらしい元湯ではないかと大感動。

岩本薫

手書きの看板に誘われていくと、素朴な湯小屋がある。

鹿児島県　市比野温泉　丸山温泉

泉質　アルカリ性単純温泉
住所　鹿児島県薩摩川内市樋脇町市比野 2295-6
電話　0996-38-1589
料金　150円
宿泊　3,500円

91位

福島県 会津東山温泉 東山ハイマートホテル

たまらないB級感ホテルの、鮮度抜群の源泉掛け流し。

幽霊ホテルみたいな中に、こんないい源泉掛け流しの湯がある！　これが福島の温泉の懐の深さだねぇ！

外観はひなびを通り越し、若干ボロい領域に。いや！　しかしこのB級感がたまらない。まさにボロビューティー。ここは東山温泉では珍しい源泉掛け流し。しかも自家源泉を持っているすんばらしいお宿なのです。男湯として使っている河鹿《かじか》風呂が自家源泉。女湯として使っている子宝の湯は、ほかの宿にも引かれている組合源泉。ご主人に頼み込み、河鹿の自家源泉に入りたいと希望する女性も多いとか。湯口のまわりの白い析出物が、お湯のよさを主張しています。深めの浴槽に、首まで浸かり、川の音を聞きながら、是非ここの新鮮な湯を体感してみてください。

矢代優

見て見て！この感動的なB級感！廃墟の域に入っちゃってる？

福島県　会津東山温泉
東山ハイマートホテル

泉質　ナトリウム・カルシウム
　　　- 硫酸塩・塩化物温泉
住所　福島県会津若松市東山町
　　　大字湯本滝ノ湯 109
電話　0242-27-6155
料金　600 円
宿泊　5,800 円～

感謝の気持ちでお借りしたい、ビニールハウスのジモ温泉。

地元の若者４人がつくった手作り温泉なのである。湯に浸かっていてうれしくなってくる。
チープで愛おしい露天風呂も入っていってね。

92位

福島県　桧原《ひばら》温泉　桧原塾

1997年に地元の若者たちで作ったビニールハウスの施設。入るとお座敷が設けてあり、ここを憩いの場にしたいと願う、つくり手たちのこだわりが伝わってきます。

お賽銭箱のような料金入れに寸志を投入し先に進むと、石を並べコンクリートで固めた浴槽が姿を表します。更にその奥には露天風呂も。男女の区別がありませんので、場合によっては、お座敷で待つことも。お湯はすべすべした優しい肌ざわり。たまにお風呂の状態が悪い時もありますが、地元の方の厚意で開放してくれてる温泉ですので、感謝の気持ちを忘れずに、大切にしていきたいですね。

矢代優

知らない人が見たら絶対温泉とはわからない！

福島県　桧原温泉　桧原塾

泉質　単純アルカリ泉
住所　福島県耶麻郡北塩原村大字桧原
電話　なし
料金　寸志（300円）

ポイ捨て禁止
カミソリ・空き缶、
ゴミ等
山に捨てない下さい
え？　この湯船って、あれじゃね？
でも、毎日浸かりたい、
いい湯なんだなぁ〜。

湯船がコンテナ！　でもだからこそお湯の鮮度が楽しめる。こんなナリしてめっちゃ名湯。たまらなく愉快な温泉なのだ！

93位

福島県　二子浦温泉

ユニーク。それでいながら名湯。そういう温泉って誰にも教えたくないけれども、誰かに話したい。二子浦温泉はまさにそんな温泉だ。だってねぇ、物置小屋みたいな簡素な湯小屋を入っていったら、コンパネで仕切られた浴室があって、そこに魚の水揚げ用のコンテナがあって、そこに源泉がジョボジョボ掛け流しされているのだから！　知らないで入ったら、そりゃもうビックリしちゃいますよ。

でも、いい湯なんだな。無色透明の塩分濃度の高い、温まる湯。湯の温度も40度と、ちょっとぬるめの適温。それが大人3人でいっぱいなコンテナに投入されるのだから、鮮度は抜群。浴感がフレッシュで気持ちいい。こんな温泉が近所にあるなんて、地元の人がうらやましいねぇ。

岩本薫

二子浦温泉

道路を挟んだ向こうには源泉の温泉スタンドもある。お持ち帰りしちゃおう！

福島県　二子浦温泉

泉質　ナトリウム・カルシウム - 塩化物温泉
住所　福島県いわき市勿来町九面坂下22-4
電話　なし
料金　250円

甘いモール泉に素朴な風情の
ノスタルジックでファンタジー空間。

タイムスリップしたみたいとは、まさにこの温泉のこと。奇跡の激渋空間で、ヌルツルの浴感を味わいたまえ！

94位

熊本県

人吉温泉 鶴亀温泉

市街地に良質な温泉が点在する人吉市の住宅街に、「鶴亀温泉」は佇んでいる。昭和一桁台建築の建物は、ほんのり色褪せ、初めて訪れたのに、どこか懐かしさを感じる風情だ。昭和33年の温泉分析表などが残り、ここだけ時間が止まったままのような空間だ。

浴室はコンクリート打ちっ放しのシンプルなつくり。湯口の恵比寿様は、成分の析出で少しお化粧していてかわいらしい。お湯は琥珀色のモール泉。硫黄と植物の混ざった甘い香りに癒やされながら、ヌルツルの肌触りに包まれる至福のひととき。ノスタルジックでファンタジーな世界にトリップしたような感覚を味わえる。

小松歩

これまた映画のセットみたいなレトロな建物で「鶴亀温泉」という素朴な名前がぴったり！

熊本県　人吉温泉　鶴亀温泉

泉質　ナトリウム - 炭酸水素塩・塩化物温泉

住所　熊本県人吉市瓦屋町1120-6

電話　0966-22-3221

料金　300 円

ド演歌が流れるゆる〜い温泉。人はこの温泉を塩化物泉ならず「演歌物泉」と呼ぶのだ。

いや、ほんと、こんなに気持ちがゆるくなる温泉も珍しい。湯のよさ、B級世界、金魚、鳥のさえずり、大音量のド演歌……忘れられない入浴体験になるよ！

95位

大分県　赤松温泉

中へ入ると、大音量の演歌が鳴り響いている。ぬぬぬ？しかし驚くのはそれだけじゃあない。通路にはなぜか金魚やメダカが泳ぐコンテナがいくつもある。黄色いテントの天井が、太陽光に透かされて浴室全体が黄色がかっていて不思議な感じだ。岩風呂風の湯船は5つに仕切られていて水風呂からぬる湯、熱い湯までそろっている。天井が高いから開放感があって露天風呂みたいだ。湯は無色透明のアルカリ系ならではのとろとろ浴感。その気持ちよさにひたっていると、もう、世の中のことなんかどうでもよくなってくる。ゆるくてええよぉ〜、ここは！

岩本薫

黄色いテントの浴舎。敷地内には黄色い麒麟のオブジェもあるぞ。

大分県　赤松温泉

泉質　アルカリ性単純泉
住所　大分県速見郡日出町藤原6371
電話　0977-72-8310
料金　300円

夏は毎日でも来たくなる！　あの武田信玄が刀傷を治した由緒ある霊泉の効能を長湯して体感しようではないか！

96位

山梨県

下部温泉 古湯坊源泉館

それは、源泉の上に設《しつら》えられている。産地直送どころか、産地である。それは地下にある。だから天気がどうの、鳥の声がどうのと無駄なことは考えない。そのお湯はぬるく、ひんやりする。しかし、20分浸かるきまりなので、そろそろ出ようかなど、無駄な心配はしない。20分浸かったあとは、沸かし湯で3分ほど温まる。「温」泉のありがたさが身に染みる。それは混浴である。しかしみんなタオルを巻いているし、じっと浸かっているので全く気にならない。ひたすら続く冷泉岩風呂と加温槽の無限ループ。ただそれだけ。ここは、何も考えずにぼーっとしたい人にはたまらん温泉なのである。

根橋誠

温泉街の最も風情がある一画にある。赤い鳥居が目印だ。

山梨県　下部温泉
古湯坊源泉館

泉質　アルカリ性単純泉
住所　山梨県南巨摩郡身延町下部45
電話　0556-36-0101
宿泊　9,500円～（日帰り入浴なし）

往時の熱海がここにある。
湯も面影もそのままに。

レトロ温泉街のホンモノを体験したければこの湯に浸かるべし！　できれば泊まりをおすすめしたい！

97位

静岡県

熱海温泉 福島屋旅館

人気温泉地である熱海温泉の、超レトロ・ひなびにひなびた雰囲気の「福島屋旅館」を紹介いたしますよ！

ひなびているのも無理はない、なんてったって創業は明治なのだから。入浴料も熱海ではうれしい大人450円。常連さんは「最近値上げしやがってさ〜」とボヤいてたけれど、東京の銭湯よりも安いというわけ。熱海くらい規模の大きい温泉街では、循環・消毒が多かったりするけれど、福島屋はミネラルたっぷりの塩化物泉が完全掛け流し！　鮮度抜群の泉質で、お湯にうるさい熱海民の日用銭湯として愛される名湯です！

おっきなお風呂

ここには昭和な熱海がそっくりそのままあるのである。

静岡県　熱海温泉　福島屋旅館

泉質　ナトリウム・カルシウム - 塩化物泉
住所　静岡県熱海市銀座町 14-24
電話　0557-81-2105
料金　450円
宿泊　4,650円〜

ぬる湯に浸かり、ゴールデン湯の華を探す。

開放感たっぷりなひなびた浴室、山梨県らしい優しい湯をじっくりと長湯して楽しみたい。

98位

山梨県

西山温泉 元湯 蓬莱館

西山温泉は南アルプスの麓、早川渓谷沿いの歴史ある温泉だ。２軒の宿泊施設で湯治場的雰囲気を残すのが、元湯蓬莱館だ。日本近代登山の父と言われるW・ウェストンも滞在したというから、その歴史を感じさせる。

宿泊は新館、浴室は明治2年に建てられ、夏のみ湯治用に利用される木造の旧館を通っていく。混浴の大きな湯船は3つに区切られ、湯量で温度が少しずつ調整されている。元々湯治で長時間入浴する人が多かったので、自分に合った温度に浸かってもらうためだそうだ。無色透明のお湯に湯の華が舞う。白、茶色、そしてよく見ると噂の黄金の湯の華も見つかる。匂いも味も控えめだが、飲んでも浸かっても効く温泉だ。

大西希

小道を登っていくとひなびた宿が迎えてくれる。

山梨県　西山温泉
元湯　蓬莱館

泉質　ナトリウム・カルシウム - 硫酸塩・塩化物泉
住所　山梨県南巨摩郡早川町湯島 73
電話　0556-48-2211
料金　1,000 円
宿泊　6,000 円〜

成分が強く、薄めて使用することを
すすめられた湯。

源泉のまんまだと成分が濃すぎる！と専門医から“ドクターストップ” がかかった湯。
それ聞いただけで、温泉好きは入りたくてたまらなくなる、でしょ？

99位

山口県 柚《ゆの》木《き》慈《じ》生《しょう》温泉

成分が強く、加水して（薄めて）の使用を専門医から助言された温泉。３割白湯＋７割源泉（冷泉）の配合で不感温帯のぬる湯設定。湯舟は狭い。数字の９の丸部分を大きくしたような独特な湯舟に、多くの方が浸かっている。ぬる湯だから回転が悪く、混んでるといつまでも入れない。薄笹濁りの強烈な泡付き湯は、肌に字が書けるほど。

源泉井は飲料用井戸を掘ったら湯が出てしまったという「斉藤泉」。いさぎよい名前だ。斉藤商店で山葵《わさび》漬けを購入したら、たまたま井戸直上の蛇口からも一杯いただけた。炭酸がキラキラと綺麗だけど、う～ん、おいしくはない（笑）。でも、温泉としては間違いなくスゴいよ！

中村卓見

山口一の濃厚温泉をあなたもぜひ！

山口県　柚木慈生温泉

泉質　含二酸化炭素 - カルシウム・ナトリウム - 炭酸水素塩・塩化物泉
住所　山口県山口市徳地柚木 2178
電話　0835-58-0430
料金　500 円
宿泊　5,500 円～

鹿児島のひなび湯のラスボスは
ここ指宿にあった！

この雰囲気で極上の足元湧出湯だなんて、なかなかないでしょう。鹿児島はひなびた温泉の宝庫だけど、ここは必ず押さえておきたいマニア垂涎の湯だ。

100位

鹿児島県 指宿《いぶすき》温泉 村之湯温泉

鹿児島は激渋なひなびた温泉がいっぱいあるけれど、この村之湯温泉は別格。まさに鹿児島のひなび湯のラスボスっていいたくなるような温泉なのである。外観からして渋い。無人の受付の鳥の巣箱みたいな料金入れも渋い。期待に胸を膨らませて、扉を開けて浴舎に足を踏み入れる。目に飛び込んでくる超レトロな浴室空間に「おお〜！」と声を上げずにはいられない。

湯の泉質も素晴らしい。メタケイ酸が温泉法の規定の約3倍の量が含まれている極上湯。しかも、ここ、なんと浴槽の底から源泉が湧き出す足元湧出温泉なのだから、いやはや、すごいね！

岩本薫

見よ！こんな看板がさりげなく無造作に置いてあるところがカッコいいではないか！

鹿児島県　指宿温泉
村之湯温泉

泉質　ナトリウム - 塩化物温泉
住所　鹿児島県指宿市大牟礼3-16-2
電話　0993-23-3713
料金　350 円

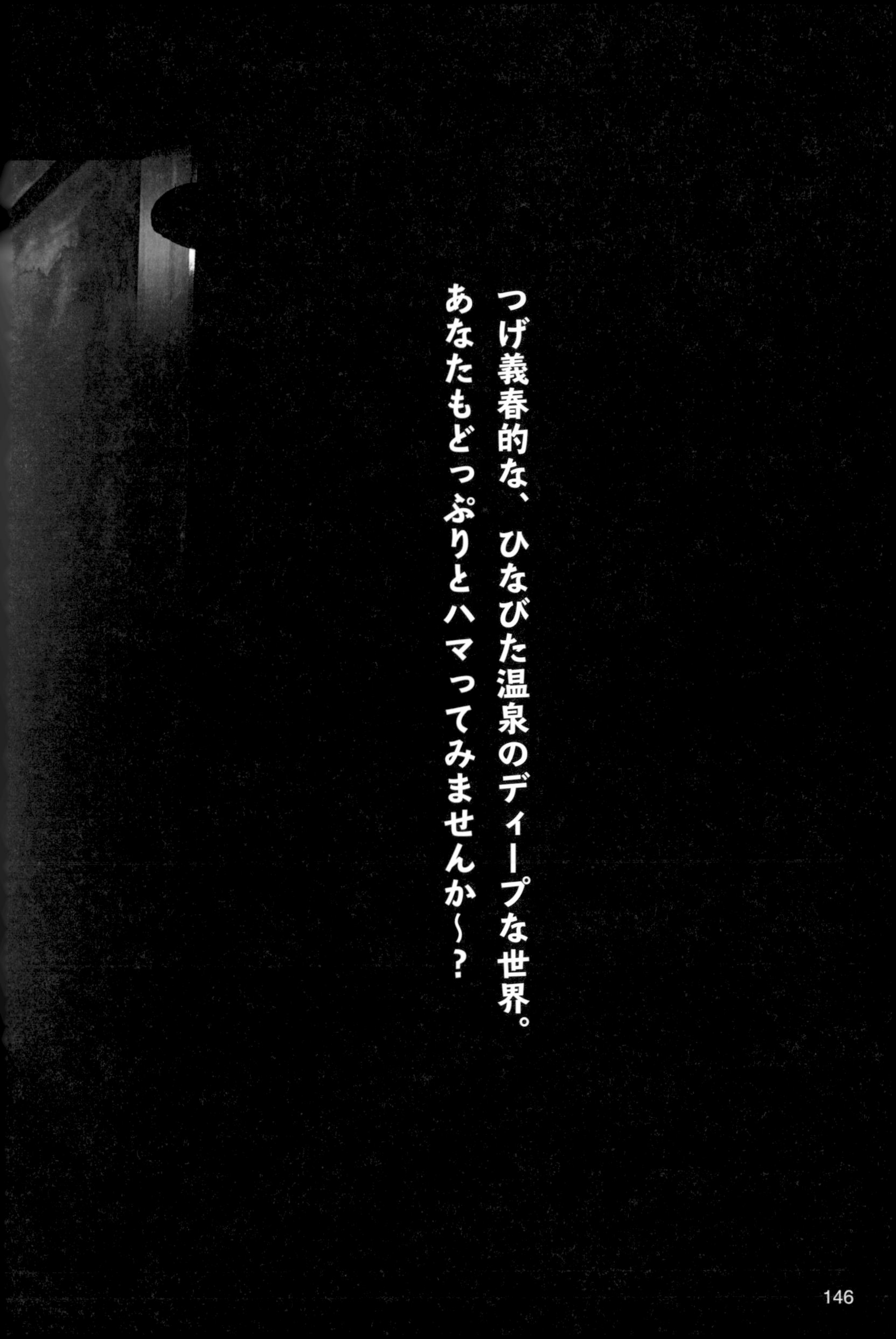

つげ義春的な、ひなびた温泉のディープな世界。
あなたもどっぷりとハマってみませんか〜？

大浴場入口

登山愛好者が日本百名山制覇するように、温泉愛好者のみなさん！これからは

日本百ひな泉 を制覇しよう！

たとえば日本百名山みたいに百湯のひなびた温泉を選定してみるのはどうだろう。そんな思いから選定がはじまった「日本百ひな泉」。選ばれた温泉は個性豊かな名湯がずらりと百湯。白濁した硫黄の香りが芳しい温泉から、とろとろのアルカリ性の美肌湯、

シュワシュワの炭酸泉、美しいエメラルドグリーンの湯、鉄分たっぷりの赤い湯、有機物が溶け込んだ黒いモール泉、とても長湯できない激熱湯や、ず～っと浸かっていられるぬる湯、クセのある香りに思わずハマってしまう油臭や薬臭のする奇湯や珍湯まで。まさに色もいろいろ、香りもいろいろ、温度もいろいろ、浴感もいろいろ。いろいろ、いろいろ。いやはや、さすが温泉大国のニッポンだ！さすがは温泉好きが選んだ百湯だ！　さすがは個性豊かなひなびた温泉だ！　と、そんな素晴らしいラインナップになりました。

そんな日本百ひな泉を制覇してみませんか？　これだけの個性ある湯、すべてに浸かったならば、あなたは、温泉通になっていること間違いなし！

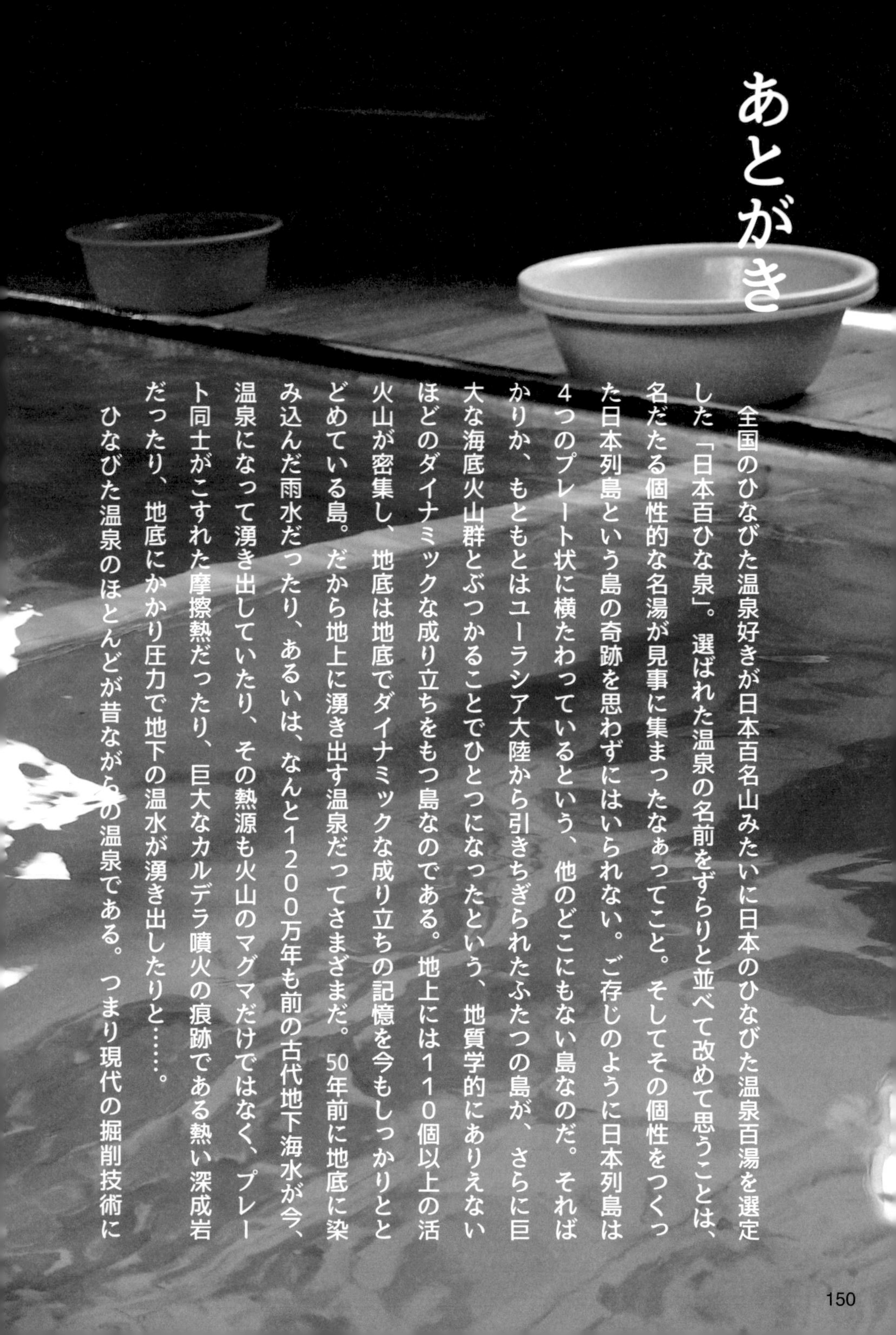

あとがき

全国のひなびた温泉好きが日本百名山みたいに日本のひなびた温泉百湯を選定した「日本百ひな泉」。選ばれた温泉の名前をずらりと並べて改めて思うことは、名だたる個性的な名湯が見事に集まったなぁってこと。そしてその個性をつくった日本列島という島の奇跡を思わずにはいられない。ご存じのように日本列島は4つのプレート状に横たわっているという、他のどこにもない島なのだ。そればかりか、もともとはユーラシア大陸から引きちぎられたふたつの島が、さらに巨大な海底火山群とぶつかることでひとつになったという、地質学的にありえないほどのダイナミックな成り立ちをもつ島なのである。地上には１１０個以上の活火山が密集し、地底は地底でダイナミックな成り立ちの記憶を今もしっかりととどめている島。だから地上に湧き出す温泉だってさまざまだ。50年前に地底に染み込んだ雨水だったり、あるいは、なんと１２００万年も前の古代地下海水が今、温泉になって湧き出していたり、その熱源も火山のマグマだけではなく、プレート同士がこすれた摩擦熱だったり、巨大なカルデラ噴火の痕跡である熱い深成岩だったり、地底にかかり圧力で地下の温水が湧き出したりと……。

ひなびた温泉のほとんどが昔ながらの温泉である。つまり現代の掘削技術に

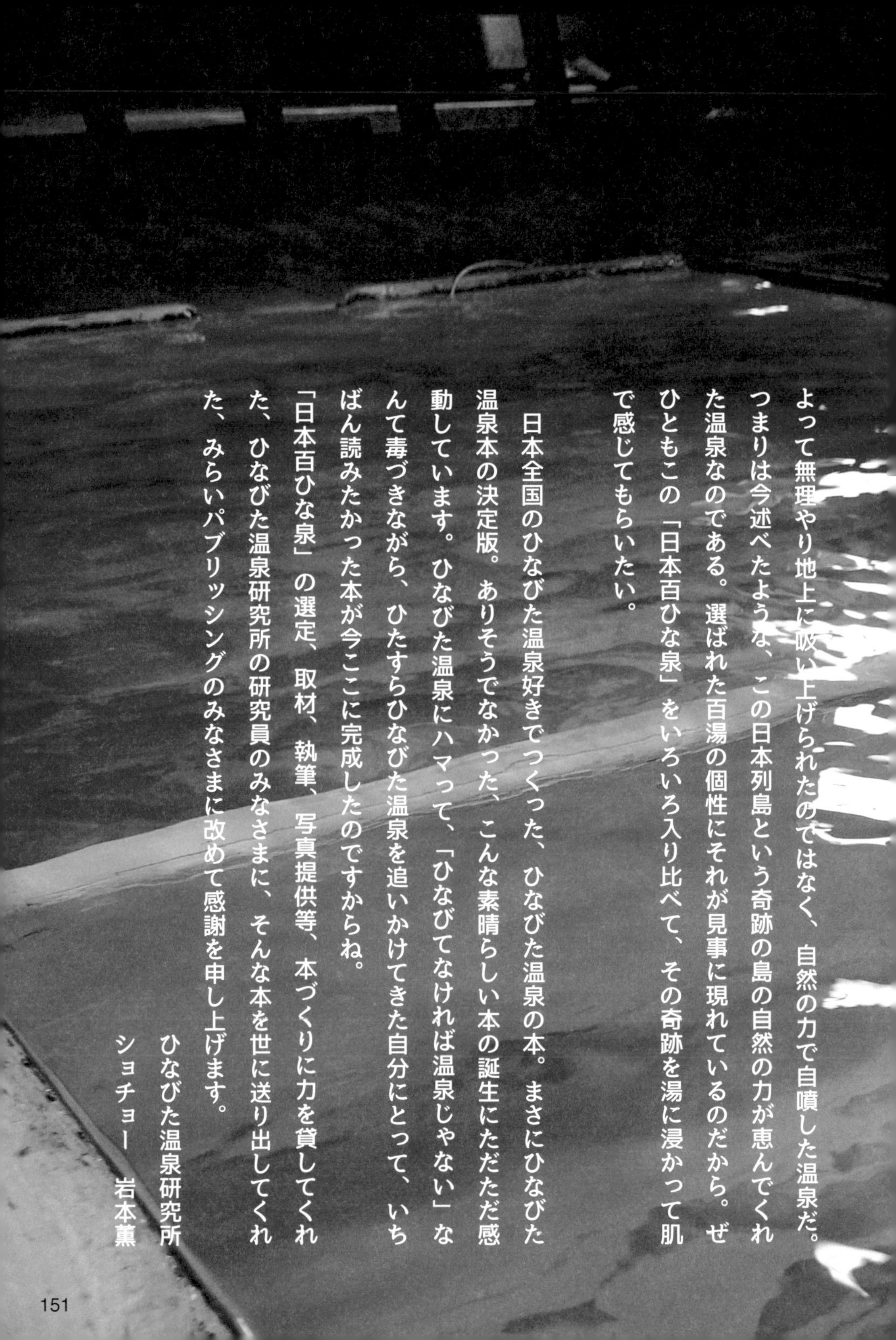

よって無理やり地上に吸い上げられたのではなく、自然の力で自噴した温泉だ。つまりは今述べたような、この日本列島という奇跡の島の自然の力が恵んでくれた温泉なのである。選ばれた百湯の個性にそれが見事に現れているのだから。ぜひともこの「日本百ひな泉」をいろいろ入り比べて、その奇跡を湯に浸かって肌で感じてもらいたい。

日本全国のひなびた温泉好きでつくった、ひなびた温泉の本。まさにひなびた温泉本の決定版。ありそうでなかった、こんな素晴らしい本の誕生にただただ感動しています。ひなびた温泉にハマって、「ひなびてなければ温泉じゃない」なんて毒づきながら、ひたすらひなびた温泉を追いかけてきた自分にとって、いちばん読みたかった本が今ここに完成したのですからね。

「日本百ひな泉」の選定、取材、執筆、写真提供等、本づくりに力を貸してくれた、ひなびた温泉研究所の研究員のみなさまに、そんな本を世に送り出してくれた、みらいパブリッシングのみなさまに改めて感謝を申し上げます。

ひなびた温泉研究所
ショチョー　岩本薫

いらっしゃ〜い！
ひなびた温泉研究所
ひな研
ごめんくださ〜い！

がんばれ！
ニッポンの
ひなびた温泉！

ようこそ！
ひなびた温泉研究所へ！

ひなびた温泉研究所は、温泉本作家の岩本薫が主宰する、ニッポンのひなびた温泉をみんなで盛り上げていくコミュニティ。愛すべきニッポンのひなびた温泉。でも、その多くが廃業の危機にさらされているのもまた事実です。ひなびた温泉研究所は、そんなひなびた温泉をみなさんと一緒にプロジェクトやイベントを通じて、ひなびた温泉をサポーターのように盛り上げていきたいと思っています。なくしてはいけない昔ながらのひなびた温泉。あなたも一緒にニッポンのひなびた温泉を元気にしていきませんか？

温泉好きのみんなで盛り上げて、
日本のひなびた温泉を元気にしよう！

ひなびた温泉研究所に入ると どんなことがあるの？

ひなびた温泉研究所の研究員になると、いいこと、楽しいことがいっぱい！ひな研オリジナル温泉グッズや、研究員の証である認定証や名刺がもらえたり、また、ユニークな協業プロジェクトや楽しい交流イベント、湯巡りツアーなどに参加できます。ひなびた温泉好きのみなさんが、もっとひなびた温泉を楽しめるような企画もいろいろと実施していきたいと思っています。楽しさで日本全国のひなびた温泉を盛り上げていきましょう！

架空の温泉旅館のタオルを再現した赤いオリジナル温泉タオル！

浴室の暖簾によく見かける「ゆ」をデザインしたオリジナルトートバッグ！

研究員の証のオリジナル名刺や缶バッジ、認定証もあります。

みんなで、温泉談義に花を咲かせながら温泉を巡るのも、楽しいよ！
青森県「恐山温泉」

ひな研だけじゃない、SNSで広がる湯友の輪！

ひなびた温泉研究所では、Facebookに「ひなびた温泉パラダイス」という非公開グループをもっています。大の温泉好きばかりが集まったグループなので情報交換も活発。また、誘い合ってみんなで湯巡りしたりと、湯友の輪も自然に広がっていきます。そんなふうに温泉好きの仲間をつくって温泉ライフをより楽しみませんか？　ぜひFacebookで「ひなびた温泉パラダイス」を検索してみてください。

和歌山県「夏山温泉 もみじや」

和歌山県「川湯温泉　仙人風呂」

ネット検定試験を受けて ひな研・研究員になろう！

ひなびた温泉研究所／研究員募集サイト

https://hinaken-kentei.info

ひなびた温泉研究所の研究員になるにはネット検定試験を受けていただきます。

ただし、この検定試験は参加者をふるいにかけるためのものではなく、検定試験をクイズみたいに楽しんで、温泉に興味を持って研究員になっていただきたいということを目的としているので、制限時間内であれば、答えをネットで調べながら答えても OK です。

みなさまのご参加をお待ちしております。ニッポンのひなびた温泉を元気にするのは、あなたです！

＼ あなたのご参加、待ってま〜す！ ／

がんばれ！
ニッポンの
ひなびた温泉！

もっとヘンな名湯
ヘンなのに湯はすこぶるいい。
ヘンはクセになる。
ヘンは愛おしくなる。
ひなびた温泉研究所ショチョー　岩本　薫
ぜんぶ制覇したい
おもしろ30温泉
みらい

ヘンな名湯シリーズ絶賛発売中！

ヘンな名湯ってどんな温泉？　その名の通り、ヘンなのに湯はすこぶるいい温泉のこと。電気屋さんや自動車工場の中の温泉とか、おっぱいから温泉が出ていたり、びっくりするほど油臭かったり、アンモニア臭かったり、魚の水揚げコンテナや、ライン下りの船が湯船だったり、ビニールハウスの温泉だったり……と、ヘンな温泉のオンパレード。でも、その泉質は温泉マニアも太鼓判の名湯ばかり。さすがは温泉大国！　日本の温泉のフトコロはたまらなく深いということを否応なしに教えてくれる、愛すべき61湯！　あなたをアナザーワールド温泉の世界へと誘います！

ヘンな
名湯
ヘンなのに湯はすこぶ
ヘンはクセになる。
ヘンは愛おしくなる。
ひなびた温泉研究所ショチョー　岩本 薫
いますぐいける！
おもしろ31温泉
鹿の湯

第三弾も絶賛取材中！
乞うご期待！

岩本 薫（いわもと・かおる）

ひなびた温泉研究所ショチョー

1963年東京生まれ。本業のコピーライターのかたわら、webマガジン「ひなびた温泉研究所」を運営しながら、日本全国のひなびた温泉をめぐって取材し、執筆活動をしている。普通の温泉に飽きたらなくなってしまい、マニアックな温泉ばかりを巡っているので、珍湯、奇湯、迷湯など、ユニークな温泉ネタに事欠かない。
「BS日テレ／中川翔子のマニア☆まにある」「文化放送／くにまるジャパン・おもしろ人間国宝」「テレビ神奈川／サタミンエイト」「TBSラジオ／安住紳一郎の日曜天国」「FMラジオ JFN PARK／Please テルミー！マニアックさん。いらっしゃ〜い」「KawaiianTV／ひらめけ！デンキッキ」「NHK ごごナマ」「よじごじ Days」等メディアに多数登場。著書は「ひなびた温泉パラダイス」「戦後期武将が愛した名湯・秘湯」「ヘンな名湯」「もっとヘンな名湯」

Webマガジン「ひなびた温泉研究所」http://hina-ken.com/

掲載写真／岩本薫&ひなびた温泉研究員

岩本 薫の本

ヘンな名湯

日《に》本《ほん》百《ひゃく》ひな泉《せん》

ビジュアルガイドシリーズ

2021年5月19日　初版第1刷
2022年2月 5 日　初版第3刷

著　者／岩本薫
発行人／松崎義行
発　行／みらいパブリッシング
〒166-0003 東京都杉並区高円寺南4-26-12 福丸ビル6F
TEL 03-5913-8611　FAX 03-5913-8011
http://miraipub.jp　E-mail: info@miraipub.jp
イラストレーション（カバー・本文）／吉岡里奈
発　売／星雲社（共同出版社・流通責任出版社）
〒112-0005 東京都文京区水道1-3-30
TEL 03-3868-3275 FAX 03-3868-6588
印刷・製本／株式会社上野印刷所

ISBN978-4-434-28390-1 C0076

掲載の情報は発行時現在のものです。参考程度にごらんください。予告なく変更されたり、廃業や営業が休止されることもありますので、ご利用時にはなんらかの方法でご確認されることを強くおすすめします。また著者のウェブサイトも、ぜひ併せてごらんください。